Андрей Макаревич

РАССКАЗЫ

BAbook

Любое использование материала данной книги,
полностью или частично,
без разрешения правообладателя запрещается.

Макаревич, А.
Рассказы / Андрей Макаревич. –BAbook, 2025. – 341 с.

Короткие истории с иллюстрациями автора.

ISBN 978-1-969573-02-6

Отпечатано в Германии

© А. Макаревич, 2025

© А. Макаревич, иллюстрации, 2025

© BAbook, 2025

Эти коротенькие рассказики – кусочки моей жизни. Я не знаю, почему они все примерно одинаковой длины – может, из-за привычки работать над песнями, песня тоже короткая вещь. Я удивлялся этой своей зажатости в такой малой форме, вознамерился даже однажды написать длинный роман – ничего не вышло. Я писал эти рассказики большей частью для разных журналов – «Стори», «Русский пионер», и уже довольно много лет. Поэтому некоторые кажутся мне сегодня несколько устаревшими – столько всего успело поменяться. Хотя сам человек, как утверждает Воланд, не меняется. Увы.

Мне самому интересно их иногда перелистывать – вспоминаются чудесные путешествия, удивительные приключения. Или наша прошлая жизнь – нелепая и трогательная.

Надеюсь, будет интересно и вам.

А. Макаревич

Гаврилыч

Мы все-таки до последней минуты остаемся внутри себя маленькими – примерно в том возрасте, в котором каждый из нас ощутил себя полноценным человеком. Этот возраст у всех немножко разный, но все равно он – детский. Наверно, некоторые люди с возрастом выдавливают из себя ребенка, обычно они становятся работниками руководящего аппарата.

Я, помню, никак не мог представить себе Брежнева маленьким (Путина, кстати, могу). Но таких навсегда лишенных детства людей все-таки гораздо меньше.

Наверно, поэтому нам страшно умирать. Не потому, что дальше будет неизвестно что, и будет ли вообще, а потому что – как же так? Я же еще маленький! И все только-только началось! И уже – все?

Не могу привыкнуть к уходу близких людей. И ведь давно приучил себя к мысли, что это естественный ход событий и по-другому не бывает, и что пятьдесят с лишком – это не двадцать, и что снаряды со временем будут ложиться ближе и ближе, пока наконец не накроет и тебя, и это тоже нормально – все равно до конца не могу. Детское ощущение сильней.

Терпеть не могу похороны, особенно наши, российские – тяжелый, весь пропитанный суевериями обряд. Хорошо, что перестали нанимать плакальщиц. Мы прощаемся не с человеком, а с его телом. А его там давно уже нет. А сам он – я это физически чувствую – находится в этот момент где-то совсем рядом с нами, смотрит на все это дело и очень не одобряет наших страданий, ужасных речей и общего мрачного пафоса происходящего. Иногда даже смеется. «Прощайтесь легко, вспоминайте весело!» – говорит он.

Не можем, не умеем. Не привыкли.

Я пытаюсь вспомнить, как выглядел Гаврилыч два последних месяца болезни – и не могу. Не помню. Это был какой-то плохой грим. Мне кажется, на том свете каждый человек выглядит так, каким он был в самые лучшие годы своей жизни. А по-другому ведь и быть не может, правда?

Я вижу, как он склоняется надо мной (он всегда склонялся надо мной, а как еще, когда на полторы головы выше?)

и тихо спрашивает: «Ну что, Макарушка?» И глаза у него веселые и хитрые. И это значит, сейчас будет какой-то необыкновенный праздник, и он без нас не начнется, поэтому надо мчаться, а там уже все собрались и зажарили целого быка, или вдруг сразу в самолет, невзирая на время суток и отсутствие билетов, и – в Питер, или в Астрахань, или бог знает куда, и вокруг будут прекрасные люди, самые близкие друзья, и настоящее веселье и ощущенье небывалой любви, и отказываться бесполезно, потому что он все равно тебя не отпустит, и вообще не может нормальный человек противостоять этому урагану, и плюешь на свои жалкие и скучные личные планы и летишь.

У него по-другому не бывало.

У меня и моих друзей список телефонов начинается с Гаврилыча – «Александр Абдулов». Очень удобно, не приходится искать. Нажал на телефоне список номеров – он первый выскочил.

Как будто сам тебе позвонил.

...И спасает свобода закрытых глаз,
И лишь вздрогнешь, порвав канитель постоянства
В миг, когда от людей, уходящих от нас,
Остаются пустые-пустые пространства.

Дилетант

Служители любого цеха испытывают крайнее недовольство, когда в их творческое пространство вторгается представитель другого цеха. С точки зрения логики объяснить это трудно. Это что-то древнее, на уровне генов. Охрана своей территории. На себе я это испытывал несколько раз. (Кстати, поразительно! Я ведь и сам себя ловил на том, что совершенно немотивированно раздражаюсь – от того, например, что драматический артист А вдруг решил заявить о себе как об эстрадном певце. Неудовольствие свое я объяснял себе тем, что у артиста А это не слишком хорошо получается. Но это же чепуха – а что, у всех остальных на эстраде хорошо получается? Но тем не менее…)

Так вот. Двадцать с небольшим лет назад я придумал программу «Смак». До этого я если и посещал телевидение, то исключительно в качестве гостя-музыканта. А тут – авторская программа. И вдруг многие друзья-телевизионщики, восхищавшиеся «Машиной времени», стали морщиться. «Ну зачем он, это же для профессионалов…» Не в лицо, разумеется. И не все. Некоторые поддержали. Костя Эрнст – первый (он еще не был генеральным директором – просто делал авторскую программу). Спасибо ему.

А мы создали свою маленькую компанию, и скоро многие «профессионалы» остались позади. И мы еще много чего сделали помимо «Смака», и скоро все привыкли, что я еще делаю телевизионные программы. Это была маленькая победа.

А потом я написал книжку. И все повторилось – только уже на другой поляне. «Эдак скоро каждый шоумен возомнит себя писателем…» Не в лицо, разумеется. В разговорах с другими людьми. Да не возомнил я себя никем, не волнуйтесь. Просто возникла потребность изложить свои мысли и переживания на бумаге. Не более того. Кстати, некоторые поддержали – а мне это было важно. Михаил Веллер, Василий Аксенов. Спасибо им.

А потом я написал вторую книжку. А потом третью. А потом пошли предложения от издательств, и я написал четвертую, пятую и шестую. А потом всех перестало удивлять, что я иногда пишу книжки. И это тоже была маленькая победа.

А несколько лет назад меня потащило в сторону джаза. То есть любил я его всегда, но играть сам не планировал. Джаз – весьма снобистская штука, в отличие от демократичного рок-н-ролла, и я сильно робел. Да и не было рядом проводника в этот мир – одни герои российского рока. А потом появился Женя Борец, и он оказался именно тем самым проводником и, несмотря на некоторое мое сопротивление, увлек меня по этой дороге. Спасибо ему. Подозреваю, что некоторые апологеты отечественного джаза до сих пор кривят морду. Да бог с ними. Одна из причин, по которой меня так утянуло, – во всяком случае, я так думаю, – состоит в следующем: за последние десятилетия музыка очень сильно обэлектронилась, и рок и поп намертво посадили на бездушный ритм компьютерного метронома. Даже этника не уцелела. А джаз уцелел. Потому и остается для меня самой живой музыкой. Свинг – это пульс музыканта, и пока человек дышит, пульс его останется живым. А метроном хорош на кладбище. Я возвращаюсь домой поздно вечером, захожу в мастерскую, и мои гитары бегут ко мне как собаки. Они очень разные и очень ревнивые, и никого нельзя обидеть. Вот битловский «Риккенбэккер», такой когда-то был у Джорджа Харрисона, и надо обязательно взять на нем несколько битловских аккордов – он, как выяснилось, для этого и создан. А вот немолодая хищная птица – Би Би Кинг звал ее сестру женским именем Люсилл, и поет она блюзовым голосом, и играть на ней надо совсем другие аккорды. А вот огромная, толстая, торжественная, как рояль, «Гибсон Л 5», самая главная джазовая гитара, вся в ручечках и рюшечках. Она – бабушка, и играть на ней следует, конечно, старый джаз. Я могу сидеть с ними до утра. Артем Троицкий однажды сказал, что вся советская эстрада – это еврейско-цыганская «Калинушка». Это очень точное определение, и ничего обидного в нем нет: именно из этих трех этнических составляющих, из трех мелосов эта самая эстрада и склеена. За редким исключением. Столько же еврейского в старом американском джазе – только там это наложилось не на «Калинушку», а на черный блюз. Так вышло исторически – в обоих случаях.

А еще – если бы я был, скажем, испанцем, я бы, наверно, записал пластинку «Испанский джаз». А так…

Ребята, этим песням за семьдесят лет. Некоторым – далеко за семьдесят. И ведь сколько всего за эти годы человечество напридумывало и наизобретало, а слушаешь их и понимаешь, что в самой своей сердцевинке человек совсем не изменился и те же сочетания звуков заставляют его улыбаться и плакать. Иногда одновременно. Разве это не прекрасно?

Еще совсем недавно я думал

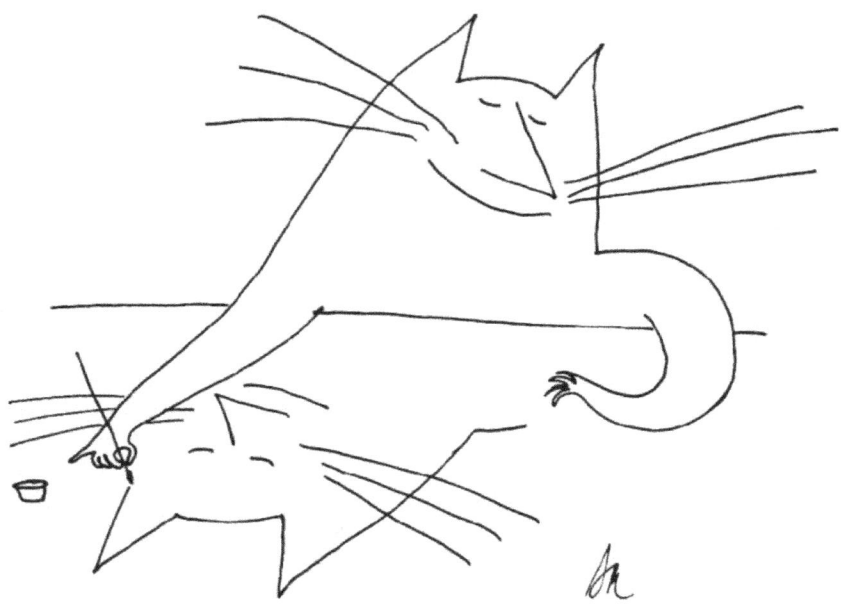

Еще совсем недавно я думал, что в продолжительности человеческой жизни заложена какая-то ошибка. Я полагал, что трагизм бытия состоит в несоответствии возраста души и тела. Только-только душа твоя набралась опыта, мудрости и обрела вкус к жизни, а телу уже пора на свалку: срок вышел. И казалось мне, что сроки жизни, упомянутые в Библии, гораздо разумнее и справедливее.

А хорошо бы, думал я, как какой-нибудь Дункан Мак'Лаут, вообще жить вечно. Сколько всего интересного увидишь!

Не получится.

Дело в том, что мир меняется. И гораздо быстрее, чем мы. И вот уже снова эстетика всего окружающего вдруг поменялась полярно. А ты рос, мужал, постигал, что такое хорошо и что такое плохо, и шел с такими же, как ты, дружным несметным отрядом под общим флагом куда-то к свету. И вдруг замечаешь, что торчишь на плацу один-одинешенек, флаг твой изрядно вылинял, бойцов разнесло кого куда, а окружающие тебя совершенно незнакомые люди едят тараканов. Наслаждаются, горячо обсуждают их хрусткость и косятся на тебя: у тебя что, морковка из кармана торчит? Отстой! А вокруг гремит раздражающая тебя непонятная музыка, литературой теперь называют блоги, и вообще человечество поделилось на две группы – продвинутые ломятся на вернисаж, где художник какает на свою картину, а остальные вперились в «Дом-2».

И это ведь эстетика. Черт с ним, с искусством. А как быть с этикой? Как быть с тем, что вчера казалось тебе недопустимым, пошлым, безнравственным – и на твоих глазах возводится в норму, а то и в эталон?

Заметьте: я не про то, что морковка – хорошо, а тараканы – плохо. Сейчас изучают их питательность, может, и пополезней моркови будут. Докажут. Со временем обязательно докажут. Хорошо или плохо – тема для совершенно другого и вполне бессмысленного разговора. Просто все не так, как ты любишь.

Яду мне, яду…

Перечитывал недавно записки Раневской. Это записки очень обиженного на судьбу человека. Так ли обидела судьба народную артистку СССР, всеобщую любимицу, человека невероятной популярности? И когда она костит новый театр и новых артистов, думаешь: про кого это? Про Евгения Леонова, Олега Янковского, Табакова, Ефремова, Смоктуновского, Евстигнеева? Про Любимова, Захарова? Да вы что, Фаина Георгиевна? Просто мир вокруг взял да и изменился. Артисты стали по-другому играть. Режиссеры – ставить. Ну да, не МХАТ. Не Грибов, не Жаров. По-другому.

Выхода, видимо, два.

Запереться среди любимых книжек, пожелтевших фотографий и засушенных цветов своей юности и ворчать в пустоту.

Так себе.

Делом своим доказать самому себе и тем, кто вокруг, что можно и иначе. Как ты любишь. И пусть удивятся, что, оказывается, можно и так. Это ведь не обязательно, как вчера. Ты тоже менялся, взрослел, даже если тебе этого не хотелось, и в ту же реку второй раз все равно не войдешь. Ты просто не танцуешь, как они.

Третий путь – затанцевать, как они, кажется мне неприемлемым. Обман будет замечен сразу с двух сторон – и молодыми, и теми, кто их не любит. Не надо ни под кого косить, особенно взрослым под маленьких. «Заигрывая с молодежью, ты заигрываешь со своими могильщиками». Это Кундера.

Просто делай, как любишь.

Эйфория

А я всю жизнь считал, что отлично знаю, что такое эйфория. Эйфория – это такая бешеная радость, только чуть-чуть больше. В общем, волна абсолютного счастья. Большая советская энциклопедия меня, однако, сильно озадачила: все не так. Эйфория – это, оказывается, повышенное, радостное настроение, чувство довольства, благополучия, не соответствующее объективным обстоятельствам. Мало того, присуща эта эйфория зачастую лицам с тяжелыми поражениями головного мозга и даже умственно отсталым. Вот тебе и раз. Как все хорошо начиналось. А ведь меня неоднократно посещало это самое чувство. Причем это была именно эйфория – не какая-нибудь нежданная радость или преходящее ликование.

Помню, как у меня пятнадцатилетнего, уже безнадежно отравленного битловскими звуками, вдруг оказалась в руках настоящая японская электрогитара – предмет в Стране Советов конца шестидесятых совершенно невозможный. Черно-желтая, сверкающая лаком и хромом, с четырьмя звукоснимателями и вибратором, она лежала в футляре по форме, как фараон в саркофаге. И мне оставили это чудо до утра! И я бренькал на ней до поздней ночи, потом положил с собой в постель и – не уснул до рассвета: смотрел на нее сквозь тьму, гладил, нюхал (как она пахла!), боролся с желанием поцеловать или хотя бы лизнуть. И это была самая настоящая эйфория, клянусь. Со всеми на то основаниями, между прочим.

В начале перестройки – как только разрешили выезжать – я оказался в Хургаде. К этому моменту я уже обожал подводное плавание и исправно нырял в реки, озера, Черное море и даже один раз в океан во Владивостоке. Но главной мечтой на протяжении четверти века (с того момента, как я посмотрел «Последний дюйм» и «В мире безмолвия» Жак-Ива Кусто) оставалось увидеть под водой акулу – причем мечтой абсолютно несбыточной: акулы в Советском Союзе не водились, да и путешествие в акульи моря могло привидеться разве что во сне. Кто же знал, что я доживу до таких перемен?

Первое в жизни погружение в тропическое Красное море, конечно, произвело впечатление, но без акул картина оставалась неполной. Я совершенно замучил местного инструктора, и в конце концов он нехотя сообщил, что, в принципе, у рифа Кэрлесс, примерно час ходу, живет одна акула, но единственный шанс ее увидеть – прийти туда рано-рано, пока нет других лодок с дайверами, потому что она очень пугливая и сразу уплывает.

И опять я всю ночь не спал. Мы вышли в шесть утра, на рассвете. Я, как идиот, заранее нацепил на себя все снаряжение, сидел с баллоном за спиной, считал минуты (они тянулись невероятно медленно), причем считал шепотом – как будто я мог спугнуть акулу. Наконец мы пришли на место, зацепили катер за буек, я вслед за инструктором плюхнулся в воду, мы упали на дно, двинулись вдоль коралловой стенки – и вдруг я увидел акулу. Это была маленькая рифовая акула, но это была самая настоящая акула, и от мгновенного осознания того, что так чудесно сбылась мечта, мучившая меня двадцать пять лет, я заорал. От счастья. Нет, от эйфории.

Крик под водой звучит не так убедительно, как на воздухе, но тем не менее силы его было достаточно, чтобы потрясенная акула дала свечку и унеслась из этой акватории навсегда. Больше ее там не встречали, я спрашивал.

Эйфория? Да конечно, что же еще.

Еще помню, как в восьмидесятом году «Машина» отыграла свой сет на фестивале в Тбилиси и зал устроил бешеную овацию и не хотел нас отпускать, а мы стояли за кулисами, мокрые и счастливые, и понимали, что нельзя выходить на бис – это не наш сольный концерт, а фестиваль, и следующая группа готовится к выходу, а зал все не унимался, и продолжалось это бесконечно. И это тоже была эйфория.

Но это все события прошлого. А сегодня?

Да пожалуйста.

Я приглашаю в дом самых близких друзей. Человек шесть-восемь. В основном мужчин. Заранее я еду на рынок и тщательно выбираю все необходимое. (Это надо делать самому. Успех действа зависит от массы составляющих, и одна недотянутая струна: опоздавший или вовсе не приехавший гость или, наоборот, припершийся нежданный, пусть и очень хороший человек, нехрустящий соленый огурец, несвежая зелень, дряблая селедка, негармонично придуманный стол – и оркестр не зазвучит.) Упаси бог выбирать для встречи какой-то специальный повод – унесет в сторону. Наша встреча и есть повод.

И вот все в сборе. Давняя дружба и прекрасное знание друг друга позволяют обойтись без постылых формальностей и ненужных словоизлияний. И можно сразу сесть за стол, пожелать самим себе доброго вечера, индивидуально разобраться с закуской, налить по рюмке хорошей (не замороженной – охлажденной!) водки и выпить – просто глядя друг другу в глаза. Вы спросите: при чем тут эйфория? Эйфория наступит в промежутке между второй и третьей при условии, что соблюден временной фактор между первой и второй и на этом отрезке не возникло ни лишних разговоров, ни длинного пошлого тоста. Впрочем, в своих друзьях я уверен, как в себе. Расстояние между второй и третьей, в общем, невелико и задано природой, но за это время вы почувствуете всем существом, что мир вовсе не так плох и, как прежде, тяготеет к гармонии, и успеете ощутить кожей и сердцем величие и бесконечность этой гармонии и на мгновение увидеть, сколько еще чудесных моментов готовит тебе и твоим друзьям жизнь. И это будет эйфория.

Хотите попробовать? Ну-ну.

Жук

Случилась эта история около полугода назад, в ноябре. Мы с «Оркестром Креольского Танго» собирались в Лондон – записывать новый альбом, и меня преследовала идея: записав его, тут же выпустить, сделать человечеству такой предновогодний подарок. Поэтому все, что можно было сделать заранее, делалось заранее. Уже готова была обложка, и мы решили в довершение ко всему снять клип.

Клип на еще незаписанную песню – это было лихо. Мы нашли деньги, договорились с отличным режиссером, придумали очень простой сценарий: по белому пространству ползет жук, но как только он достигает края, человек накрывает его стаканом и возвращает на место. Все это повторяется снова и снова. История вызывала всякие ассоциации, и я был доволен. Назначили день (вернее, ночь) съемок, заказали технику, нашли актеров. Проблема оказалась одна: в жуке. Выяснилось, что в ноябре месяце в Москве жука найти невозможно. Есть все: тигры, крокодилы, змеи и слоны. Есть сверчки и тараканы. Жуков нет. Ночь съемок приближалась, павильон и техника были оплачены, мы прошерстили весь Интернет и дежурили на Птичьем рынке. Я сходил с ума. Наконец, накануне съемок случилось чудо и жук был найден. Единственный в Москве. Он был очень похож на майского, хотя назывался каким-то африканским копром и стоил кучу денег. Жука посадили в баночку с мятой бумагой, несколько раз он начинал дремать, нам казалось что он умер, и я снова сходил с ума.

Наступила долгожданная ночь, и мы решили сначала отснять все с артистами, чтобы не мучить их ночной работой. Я завернул баночку с жуком в шарф и поставил поближе к батарее, чтоб, не дай бог, не замерз. Режиссер установил потрясающий свет, посреди огромного павильона была выстроена декорация – изогнутое белое пространство, началась съемка, все получалось очень красиво и я совершенно успокоился и воспрял. Часа через четыре все, что можно было снять без жука, было снято, над столом установили специально заказанную уникальную камеру, чтобы снимать жука во весь кадр и смотреть на все жучьими глазами. На съемки собрались журналисты музыкальных изданий — мы очень давно не снимали никаких клипов. Они ходили за мной, уговаривали рассказать сюжет, а я важничал и делал загадочное лицо.

Жук, вопреки моим опасениям, у батареи отогрелся и развеселился страшно. Когда я появился в павильоне с баночкой и заявил, что главным героем кино будет жук, журналисты ахнули. Перед тем как пустить его в кадр меня уговорили сфотографироваться с ним на ладони. Я посадил жука на ладонь, вспышки засверкали, жук расправил крылья, взлетел и скрылся во мраке. Когда столбняк прошел, я понял, что мы погибли. Павильон имел 60 метров в длину, 30 в ширину и 15 в высоту, был по краям завален всякой дрянью и найти в нем двухсантиметрового жука было сложнее, чем иголку во всем сене мира. Еще два часа монтировщики, актеры, журналисты и я, потерявший голову от горя, занимались совершенно бессмысленным делом: прошаривали павильон сантиметр за сантиметром. Мы нашли его. Он влетел в раскаленный осветительный прибор и погиб, как Икар. Он лежал на полу, очень похожий на живого, но не шевелился. Искусственное дыхание результатов не дало. Все было кончено.

Да нет, конечно, мы уехали в Лондон, режиссер через неделю нашел еще одного жука — похожего, снял его у себя в кабинете на столе обычной камерой, и все равно все получилось очень красиво, и клип был готов в срок и никто его в результате толком не видел.

К чему я это рассказываю? К тому, что все на свете предусмотреть невозможно.

Хотя стремиться к этому надо, верно?

Мода и мода

Сложнее всего дать определение самым обыденным словам из нашего обихода. Ну-ка, что такое мода? Коротко и емко!

Ладно, не мучайтесь. Вот как определяют это понятие словари.

Даль: «Ходящий обычай, временная, изменчивая прихоть в житейском быту, в обществе, в покрое одежды и нарядах».

(Хорошо сказано, а?)

«Историко-этимологический словарь современного русского языка» под редакцией П.Я. Черных: «Совокупность привычке и вкусов в отношении одежды, предметов быта и пр., считающихся в данный момент в определенной общественной среде образцовыми»

Фасмер, «Этимологический словарь русского языка»: «Мода – впервые у Петра Первого, также у Фонвизина. Через нем. „Mode" или из франц. „mode" от лат. „modus" – мера (предмета); правило, предписание; образ, способ» (ну понятно – у немца все из Германии пошло. А вот латынь – интересно: мода – мера. По-моему, как раз наоборот!)

Вот малоизвестный энциклопедический словарь Ф. Павленкова, 1899 год: «Господство в данное время каких-либо вкусов, направлений и т. п., отражающееся в любой области народной жизни». Коротко и ясно.

Ну и наконец Большой энциклопедический словарь, 2000 год. «Непродолжит. господство определ. вкуса в к.-л. сфере жизни или культуры. В отличие от стиля, М. отражает более кратковр. и поверхностные изменения внеш. форм бытовых предметов и худ. произведений. В узком смысле – смена форм образцов одежды. 2 – непрочная, быстропроходящая популярность».

Ну, в общем разобрались.

Сегодня я считаю себя скорее антимодным человеком. Потому что сегодня мода вместе с рекламой гамбургеров, прокладок, новых марок автомобилей и мороженого вколачивается в наши головы отбойным молотком. Собственно, все перечисленное и есть составляющие моды. Поэтому сегодня быть модным – это быть как все (ибо кто же не хочет быть модным?). Я не хочу. «В этом сезоне модно пить Фанту!» Да идите вы в жопу.

Ну а что касается одежды – вся она сегодня придумывается для молодых, худющих, толерантно настроенных в смысле унисекса. А мне, извините, не двадцать лет, не хочется выглядеть смешным. Хотя слабые попытки производились. Я сильно переживал по поводу модных сверхнизких поясов у джинсов – мне казалось, что достаточно нечаянного движения, и они сползут – чего там сползать-то? К тому же то, что нависло над этим поясом спереди и с боков, сильно не радовало. А покупал по двум причинам – во-первых, других и не продавали: был пояс низкий и невозможно низкий. Во-вторых, меня пытался подсадить на них сын: артист, значит, будь модным. На нем, двадцатипятилетнем, они сидели как надо – непонятно на чем держались. Я даже попробовал их сдернуть с него неожиданно сзади – не получилось! В общем, мода не пошла.

Однако! Я вспоминаю нас двадцатилетних, я копаюсь в потрескавшихся черно-белых московских и питерских фотографиях – «Машина», «Аквариум», «Удачное приобретение»... Мы были жуткие модники! Но наша мода была – наоборот: МЫ НЕ КАК ВСЕ! А в условиях советской действительности наши наряды граничили с идеологическим вызовом. Да это и был вызов – эй, вы, серенькие, мешковатые, одинаковые, с кислыми лицами – просыпайтесь! Битлы и роллинги идут! Лав, пипл! Мы шили невероятные клеша из бархата, занавесок и матрасной ткани. Ширина превосходила все допустимые пределы. Мы затягивали наши бока (тогда, к счастью, худые) в батники на два размера меньше, и все решала прочность ниток, державших пуговицы. Мы стучали по асфальту неимоверными сабо: платформа десять сантиметров! И суровые осуждающие взгляды строителей несостоявшегося коммунизма нас только заводили. Конечно, мы не листали модные журналы от кутюр (да их и не было – за исключением журнала «Польская мода»!) – мы срисовывали себя с Джимми Хендрикса. Думаете, он со своими цыганскими рубахами, цветами и перьями у «Дольче Габбана» одевался? Да прекратите. Такой же сумасшедший, как мы. По общечеловеческой моде одевался Энгельберт Хампердинк – чуть расклешенные благообразные однотонные брючки, короткий приталенный пиджачок, причесочка. Модненький такой гусь.

Конечно, это во многом диктовалось философией хиппи – не будь как все! Даже среди своих! Поэтому фантазия не знала границ, а крайняя ограниченность в материалах и подручных средствах заставляла пускаться в удивительные ухищрения. Помню девочек, аккуратно завернутых в тюль от занавески, – там, где надо – просвечивает. Чуть-чуть.

Золотая бахрома на рукавах моей концертной рубахи была срезана с какого-то красного знамени. Эх...

Сегодня мир невероятно унифицировался. И напрасно мальчики в расшнурованных кроссовочках и шапочках на глаза думают, что все они выглядят по-разному. Нет, все они выглядят одинаково. Мода больше ни с кем не воюет.

А может, они и не думают?

О риске

Я устал повторять, что не люблю риск. В этот момент очередной журналист выпучивает глаза и восклицает: «Ну как же, Андрей Вадимович, – вы же занимаетесь такими экстремальными видами спорта – дайвингом, например», – и я в сотый раз объясняю этому недотепе, что дайвинг, вопреки его представлению, не экстрим и даже не спорт, а удовольствие, и что хожу я под воду не за адреналином, а за неземной красотой. А занятие чем-либо с целью получения адреналина кажется мне, извините, родом наркомании. И не надо с этой целью прыгать с крошечным парашютом с недостроенного небоскреба в ночное время – можно просто побегать туда-сюда через скоростную трассу вдали от перехода: в смысле адреналина будет не хуже. Не хочу обидеть экстремалов. Риск я понимаю как неизбежный фактор в ситуации, когда от твоего, иногда моментально принятого решения, зависит что-то очень серьезное – спасение чьей-то жизни, например. Да хоть своей собственной. Тогда ты взвешиваешь все обстоятельства и принимаешь решение, дающее тебе максимальный шанс. Не вижу здесь ничего, что могло бы доставить удовольствие, включая неизбежный выброс адреналина. И казалось мне, что риск – понятие, применимое исключительно к человеку, так как связано оно с мыслительным процессом. Так мне казалось.

Несколько лет назад мы с небольшой компанией друзей путешествовали по Пантаналу. Пантанал – огромная территория на юге Бразилии, сплошь пронизанная реками, покрытая озерами и болотами. Со всего мира сюда едут фотографы живой природы и орнитологи – здесь обитает великое множество водяных тропических птиц. Территория считается национальным парком, и охотиться на ней всем, кроме аборигенов-индейцев, запрещено.

Мы приближались к Пантаналу с севера на древнем раздолбанном джипе, до места назначения и пересадки на лодку оставалось еще миль двести. Места вдоль дороги тянулись исключительно ровные, зеленые, с редкими деревьями. В сезон дождей земля тут может быть полностью покрыта водой, которая с окончанием дождей довольно быстро уходит. Иногда дорога пересекала очередную речку, и я всякий раз зажмуривался – мосты в Бразилии принято ремонтировать уже после того, как они обрушатся, и проезжали мы по гнилым, наполовину обвалившимся бревнам совершенно непонятно каким образом. Под мостами у темной воды вповалку лежали кайманы. Они даже не лежали – они валялись. Они подпускали нас метра на три и неохотно сползали в воду. Скоро нам надоело их фотографировать, и мы перестали обращать на них внимание.

Когда на дороге на попался первый дохлый кайман, я не поверил своим глазам. Издали он напоминал небольшое бревно, жаркое солнце уже превратило его в мумию, ярко белели зубы. Через пару минут мы проехали мимо еще одного, потом еще и еще. Я не мог понять, почему они оказались на дороге и отчего умерли – я бы еще предположил, что их задавила машина, а только машина в эти края заезжала крайне редко. И тогда наш проводник, негодяй по имени дон Винсенто, рассказал следующее.

В сезон большой воды кайманы покидают реки и озера и в поисках добычи разбредаются по огромной территории. Дожди заканчиваются, вода начинает быстро уходить, и часть кайманов оказываются застигнутыми врасплох. Они остаются сидеть в озерцах, которые с каждым днем мелеют и превращаются в лужи, а затем в лужицы. А дальше происходит вот что: какие-то кайманы принимают решение (по-другому сказать не могу) и отправляются на поиски водоема. Обойтись без воды кайман может недолго: солнце высушивает его кожу, он перегревается и умирает. Так что некоторые достигают цели, а некоторые гибнут в пути — иногда прямо на дороге. А вот те, которые решили не рисковать (а как еще скажешь?), — те гибнут однозначно и поголовно: лужи высыхают до основания. Через несколько миль мы увидели такую лужу на обочине дороги. Длиной она была метра четыре, не более. В луже сидел кайман — над поверхностью воды цвета кофе с молоком торчали бугорки глаз. Этот кайман явно относился ко второй категории — он не собирался покидать лужу ни под каким видом. При нашем приближении он сделал попытку нырнуть, и не смог — глубина лужи этого уже не позволяла. Воды в ней оставалось дня на два. Мы срубили рогатину, поймали каймана (мы, кстати, рисковали: кайман был небольшой, метра полтора, но учитывая его силу и полное наше отсутствие опыта в ловле кайманов — предприятие было не вполне безопасным), связали ему пасть веревкой, завернули в брезент, довезли до ближайшей речки (она оказалась совсем недалеко, он бы дошел, если б решился), развязали пасть и отпустили с богом.

И вот я до сих пор думаю: мозг у каймана более чем примитивный, и размерами и количеством извилин он напоминает куриный.

Чем он думает? Как оценивает ситуацию? Почему решает или не решает рисковать?

Это ведь и есть самый настоящий риск, верно?

К Деду Морозу

Не могу сказать, что в детстве мое отношение к Деду Морозу было однозначным. Кажется, вопрос: существует ли он на самом деле, как-то не стоял. Дед Мороз устраивал меня, как абстрактная субстанция. Достаточно было того, что в Новый год я получал от него, точнее от его имени, подарки — они обнаруживались утром под елкой.

Помню, я всегда ужасно хотел подсмотреть, кто же их туда кладет — не реальный же дед с ватной бородой, в самом деле! Я даже подозревал родителей и пытался прикинуться спящим, чтобы увидеть, как это происходит. И всегда засыпал. Поэтому, когда вдруг однажды вечером приперся настоящий Дед Мороз с бородой и мешком, я впал в ступор. Нет, я видел таких на уличных гуляньях и детских елках, но там это, скорее всего, были переодетые артисты. А тут – прямо в нашу комнату! (Мы жили тогда еще в коммуналке.) Нос у него был нечеловечески красный, голос строгий и грубый. Он поинтересовался, как я вел себя в уходящем году (я что-то пролепетал) и велел тащить из мешка подарок. Я так хотел, чтобы он скорее ушел, что выхватил оттуда что-то самое первое, не глядя. Радости не было. Когда потом мне рассказали, что это был мой отец, я не поверил. Я не верю до сих пор. Наверно, этот все-таки был настоящий.

У моего товарища в семье другая традиция. Дочка (ей лет восемь) пишет письмо Деду Морозу с заветной просьбой, и вешает его на елку. В новогоднюю ночь Дед Мороз читает послание и утром под елкой дочку ждет заказанный подарок. Не знаю, что думает девочка по поводу механизма прочтения Дедом Морозом ее письма и пыталась ли она подловить старика за этим занятием. Но в прошлом году у них произошла восхитительная история.

Девочка (назовем ее Машей) написала письмо Деду Морозу за несколько дней – в этом году ей очень хотелось маленький розовый мобильный телефон. Накануне Нового года они всей семьей поехали на машине за покупками, застряли в пробке, стукнулись с кем-то. Родители расстроились, потому что ремонт ожидался недешевый и вообще как-то очень не вовремя.

Вечером бабушка сообщила по секрету родителям, что Маша, вернувшись домой, долго ходила вокруг елки, маялась, потом сняла свое письмо, порвала его и выбросила в помойное ведро. Она посчитала, что Деда Мороза в лице ее родителей будет нехорошо нагружать помимо ремонта машины еще и ее телефоном.

Что было дальше? Конечно, папа полез в помойку, нашел разорванное письмо, сложил обрывки и утром маленький розовый телефон лежал под елкой.

Нет, но какая красивая история!

Как я украл праздник

Было это в давние восьмидесятые – «Машина времени» в веселой компании разнообразных артистов разъезжала по огромной стране. Кажется, город назывался Алма-Ата. Кто-то из девчонок из ансамбля танца «Сувенир» притащил на площадку потрясающих раков – огромных, оранжевых, правильно сваренных. Раков продавал какой-то дедушка на отдаленном рынке. Раки – моя слабость. И я решил угостить всю нашу команду.

На следующий день рано утром, чтобы не опоздать, я выехал из гостиницы на такси. Мы довольно долго петляли по еще не жаркому городу в розовых утренних сумерках и где-то на самой окраине уткнулись в огромный рынок. Торговый день только начинался, продавцы раскладывали на прилавках зелень и помидоры, пахло прибитой росой пылью и вчерашней дыней. Через полчаса хождения я набрел на дедушку. Дедушка был маленький и старенький, в ватном халате, тюбетейке и с козлиной бородкой. Он сидел прямо на земле и выкладывал раков по одному на расстеленную газету из огромного рюкзака. «Почем раки, дедушка?» – спросил я сверху вниз. «Пятдесят копеек штук», – ответил он, не поднимая головы и продолжая свое занятие. Цена была немаленькая, но я от радости, что нашел то, что искал, решил не торговаться. «Ну, давай их сюда». – «Сколько?» – «Всех». – «Как всех?» – изумился дедушка и посмотрел на меня впервые. «Вот так, всех. Давай считать», – весело ответил я. Дедушка начал почему-то неохотно складывать раков в кучку, шепотом приговаривая: «Один, два, три…» Радости в его действиях не наблюдалось. Куча росла, я полез в карман за деньгами. На цифре «двадцать шесть» дедушка вдруг остановил счет и замер. «Что такое?» – не понял я. «Все», – угрюмо сообщил дедушка. В рюкзаке оставалось больше половины. «Как все? Вон еще сколько!» – «Большой остался. По рупь штук». Это было уже совершенное свинство – оставшиеся раки ничем не отличались от уже сосчитанных, но я пошел на принцип – не знаю, почему. «Хорошо, давай по рублю». Дедушка и тут не обрадовался, вопреки моим ожиданиям, а посмотрел на меня с неприкрытой ненавистью. Масла в огон подлили два молодых казаха, наблюдавших за сценой. «Да ладно, дед, отдай артисту подешевле, он поет хорошо!» Действие это произвело прямо обратное – дед совсем нахохлился, опустил голову и забормотал что-то по-своему. Я ничего не понимал. На дне рюкзака оставалось еще не меньше десятка раков, когда старикан вдруг затянул тесемки и даже спрятал рюкзак за спину. «Все! Не продается больше! Уходи!» В голосе его было столько решимости и горя, что я совсем растерялся. Уговаривать было бесполезно. Я рассчитался, сложил раков в два больших целлофановых пакета и поехал в гостиницу, недоумевая. Вместо благодарности за то, что я помог ему разом выполнить свой рабочий план, этот непонятный дед практически прогнал меня. Что такое?

Прозрение пришло лет десять спустя. Я ведь, сам того не ведая, испортил дедушке главное удовольствие – целый день торговли, занятия мужского и достойного. День, который он собирался провести не спеша и с наслаждением, среди таких же как он, солидных и уважаемых людей. Я попрал святыни. Я украл у него праздник.

И мне стало стыдно.

Поделикатней надо быть, что ли. Почутче.

На полпути к небу

Ну-ка, что вы знаете про Бутан? Ну да, королевство. Исповедуют буддизм. Все? Практически все. Вот и мои познания заканчивались примерно на этом же уровне. И потому решили мы с друзьями пойти в Бутан. Наша небольшая компания раз в год пускается в дальнее путешествие, иногда довольно авантюрное. Первое и главное условие – мы не туристы! Поэтому проложенные маршруты, унылые массовые экскурсии, автобусы, потные толпы с детьми и фотоаппаратами – это без нас. Как правило, мы составляем индивидуальный маршрут, проходящий по действительно диким местам. Там же, где наш маршрут неизбежно пересекается с местной цивилизацией, мы стараемся оказаться в двух ее точках – на самом верху и в самом низу. Например, завтра мы ночуем в лучшем отеле (заодно и помоемся) а послезавтра обедаем в рабочей столовой на рынке в крохотной деревеньке, где и белого человека-то не видели. Примерно так. Составить такой маршрут и, главное, обеспечить осуществление задуманного – дело непростое и довольно дорогое, но я еще ни разу ни о чем не пожалел.

Вообще, Бутан еще несколько лет назад был полностью закрыт для посещения иностранцами. Сейчас открыли, но ты должен платить за это приличную сумму. Не помню точно, но что-то около двухсот долларов в сутки. За что, куда? А на содержание Бутана. Не нравится – езжайте в Турцию.

Бутан – страна, где ежегодно официально измеряется уровень счастья населения. Не знаю, с помощью каких механизмов. Но по их данным выходит, что уровень счастья у них один из самых высоких в мире. Если не самый высокий. Возможно, так и есть – за две недели я ни разу не слышал, чтобы кто-то из местных в разговоре хоть чуть-чуть повысил голос, и спокойные улыбки не покидали их лиц. Это были улыбки не для нас – гостей-иностранцев – это они так смотрят на мир. (Маленькая зарисовка. Мы остановились на горной дороге у водопада сделать несколько фотографий. Спустя пару часов, уже в гостинице, мой товарищ обнаружил, что потерял мобильник – и скорее всего у того самого водопада. Еще через час в гостинице раздался звонок – не терял ли кто из постояльцев у водопада мобильный телефон. Постояльцев кроме нас в гостинице не было. А еще через два часа, проехав сто с лишним километров на какой-то невероятной развалюхе, местный житель, улыбаясь, привез телефон. Отдал и отказался от денег.) Почти все мужское население – монахи либо послушники, женщины выращивают рис.

Правит Бутаном действительно король – молодой и красивый, а жена его (кажется, она была фотомоделью) – просто красавица. Начал король с того, что посадил своего ближайшего родственника-коррупционера и пообещал в ближайшие годы соединить все деревни страны дорогами. После этого он стал народным любимцем. Не знаю, правда, как пойдет дело с дорогами – деревни часто стоят на вершинах гор, горы покрыты совершенно непроходимыми доисторическими лесами. Проложить туда дорогу – сложнее, чем превратить Сочи в столицу Олимпиады.

Нет, кое-какие дороги есть. Построены они давно, и с тех пор человеческая рука их не касалась. Мы ехали по такой пару дней. Справа – ничем не огороженный обрыв, метрах в восьмиста внизу шумит река. Слева – стена, покрытая растениями из фильма «Парк Юрского периода». Над головами нависают глыбы величиной со средний дом, некоторые из них уже обрушились на дорогу, завалив ее на три четверти, и ты все время ловишь себя на мысли – это случилось двадцать лет назад или только что? Ни человека, ни машины, ни указателя, ни дорожного знака. Часа через четыре впереди замаячила табличка. Пока мы приближались, я гадал – что на ней может быть написано? «Камнепад»? «Снизьте скорость»? «Опасный участок дороги»? Я не угадал. Сквозь слой ржавчины на железном листе проступали слова: «ENJOY THE BEAUTY OF NATURE». А?

Монастыри расположены тут и там: их достаточно в долине, и архитектура их весьма своеобразна и отличается от того, что мы видели, скажем, в Индии или Мьянме. При всей буддийской пряничной праздничности их отличает строгость и даже некоторая суровость форм – стены слегка наклонены внутрь, что искусственно усиливает масштаб, а маленькие редкие окна дополняют картину, и в общем не очень большое здание кажется огромным. Но масса монастырей построена в таких недоступных местах, на таких горных обрывах, что непонятно не то, как его там построили, а то, как туда вообще забрались люди. Забрались, тащили вверх по бесконечному, иногда отвесному склону огромные камни, вырубали в скале площадку. Как, почему здесь? Будда явился и велел.

Вообще, одна из загадок, которую я безуспешно пытался разгадать, выглядит так: представьте себе довольно крутое ущелье глубиной километра полтора – это если строго по вертикали. По дну ущелья бежит река, по узким ее берегам – убогие плантации риса. На самый верх ведет тропка, которую я бы и тропкой назвать поостерегся – так, направление. Наверху расположена деревня. Каждое утро женщины, навьючив на спины немыслимые корзины, легко бегут вниз по осыпающемуся скользкому склону – как раз они этот рис и выращивают. К вечеру – обратно, легко, как козочки, причем корзины их набиты черт знает чем. На ногах у них драные вьетнамки – не самая удобная обувь для хождения по горам, но это их совершенно не смущает. Вопрос – а почему не построить деревню внизу, у воды – встречал полное непонимание и даже сочувствие: там жили наши деды и прадеды, там монастырь. Да почему там? Ближе к Солнцу, ближе к небу.

В одну из таких деревень нас и вознамерился повести наш проводник Ёши (мы для удобства звали его Ёжиком) – он клялся, что подъем будет некрутым и займет часа два, от силы два с половиной. (Потом мы поняли, что он не врал – у местных этот маршрут столько бы времени и занял.) Причины похода именно в эту деревню у Ёжика были веские – там жили его родители, он ушел из дома несколько лет назад, дослужился в монастыре до некоего сана и собирался вернуться на коне – монахом да еще с уважаемыми белыми гостями. По случаю нашего с ним появления в деревне планировалась специальная служба и огненная пуджа – обряд, оказавшийся невероятно похожим на нашу Масленицу с сжиганием чучела зимы.

За месяц до нашего путешествия мне прооперировали колено, и я всерьез опасался, что буду тормозить нашу маленькую группу. Ёжик успокоил меня – он найдет для меня ослика.

Выступили мы рано утром. Со склона горы стекал густой туман, вершина скрывалась в облаках, накрапывал мелкий дождь. Меня действительно ждал ослик с милым и печальным лицом. Я довольно дерзко вскочил на него, почувствовав себя полководцем, и колонна из шести бойцов тронулась в путь. Через некоторое время обнаружилась весьма неприятная особенность местного седла: седла как такового не было. Его заменяло сложенное вчетверо байковое одеяльце, подвязанное к брюху ослика веревочкой. Еще две веревочки с петельками на концах изображали стремена. Поэтому пока ослик нес меня по горизонтальной тропинке, сидеть на нем, хоть и с трудом, было можно. Но скоро тропинка пошла в гору, скакун поддал ходу, и я благополучно съехал с его спины назад и грохнулся на камни. В течение следующих пяти минут я проделал этот трюк четырежды и понял, что ослик как транспортное средство себя изжил. И я пошел пешком — как все.

Что вам сказать? Подъем занял семь с половиной часов. От дождя тропинка стала скользкой, как мыло, ноги постоянно срывались, и от долгого падения спасали только корни деревьев, густо росших по бокам. Я полностью использовал свое второе дыхание. Потом третье и четвертое. Использование вышеперечисленных дыханий осложнялось еще и тем, что мы находились где-то на трех тысячах метров над уровнем моря, и воздух был весьма разряжен. Я проклял погоду, горы, Ёжика, идиотский обычай селиться на вершинах и себя самого, нескладного и невыносливого. Самый страшный момент ждал нас почти у вершины, когда вдруг показались черные дома деревни и мы ввалились в первый и без сил упали на дощатый пол. Мы не могли даже разговаривать друг с другом. Через три минуты Ёжик, виновато покашляв, сообщил нам, что это еще не его деревня – до его деревни еще метров шестьсот вверх. И нас там очень ждут – мы припозднились. В этот момент я понял, что убить человека, в принципе, наверно, совсем несложно. Но мы не убили Ёжика – у нас не было на это сил. Мы встали и пошли.

Перед деревней выстроились все жители в праздничных одеждах. Они пели и танцевали. Стоя под мелким дождем, мы выдержали и это. Потом резко стемнело, нас отвели в дом, где мы снова рухнули на доски пола, не раздеваясь, и застыли. Нам несли какие-то матрасы, принесли горшок с супом – мы не могли пошевелиться.

Ночью я узнал две вещи: во-первых, блохи, оказывается, кусают не всех. Во-вторых, непрерывная ночная буддийская служба с пением, тарелочками, барабанами и невероятно громкими и страшными тибетскими трубами – таким звуком архангел провозгласит когда-нибудь конец света – вот эта служба, накладываясь на полуобморочное состояние измученного организма, рождает в подсознании невероятные картины. Служба шла в нашем же доме за занавесочкой, и ничего изменить было невозможно. Это был потрясающий опыт – духовный и физический.

А утром мы выползли из дома на обрыв – от вчерашнего дождя не осталось и следа – и поняли, почему местные жители много веков живут на вершине. Но чтобы ощутить эту красоту, там надо оказаться – фотографии бессильны.

В последний день нашей экспедиции меня уговорили сварить борщ. Я не страдаю пищевой ностальгией и легко употребляю то же, что и местное население, но с едой в Бутане непросто – она крайне скудна и служит исключительно для поддержания жизни. Это плохой рис, кое-какие тушеные овощи и среди них обязательные зеленые стручковые жгучие перцы, острота которых не поддается описанию. Все остальное напоминает скорее птичий корм. Не знаю, почему остановились на борще – видимо, я забылся и вкусно про него рассказал. Не хочу хвастать, но в борще я кое-что понимаю.

В общем (дело происходило уже в гостинице), мне достали все ингредиенты – свеклу, капусту, морковку, фасоль, лук, зелень. Даже каперсы. Черный перец. Некоторые проблемы возникли с мясом – мяса бутанцы не едят, поэтому в Бутане его и нет. (Рыбу, кстати, едят, но, увы, чисто теоретически, так как ловить ее в реках Бутана запрещено.) Мясо обещали привезти утром из Индии – она располагалась совсем неподалеку. Тут бы мне насторожиться – я знаю отношение индусов к коровам (а мне-то нужна была именно говядина), но я не подумал об этом. А зря. Впрочем, выбора не было.

Утром действительно привезли мороженое мясо в целлофане. Выглядело оно вполне приемлемо. Ребята отправились в очередной монастырь, а я пошел на кухню. Было в моем распоряжении часов пять. Я поставил большой бак с водой на огонь (борща должно быть много) и опустил туда мясо. Оно быстро оттаяло, и чудовищный запах пополз по помещению. Мясо было совсем нехорошим. Если это действительно была говядина, то индусы наверняка дождались, пока священная корова умрет своей смертью. Причем сколько она потом пролежала на жаре в пыли на дороге – никому не известно. Если же это был як – данный зверь сам по себе обладает весьма специфическим запахом, независимо от того, умер он уже или еще нет.

Я покрылся холодным потом – у меня не было путей к отступлению. Я слил воду, покрывшуюся коричневой пеной, тщательно промыл мясо, налил свежей воды и снова поставил на огонь. Через полчаса вода закипела, и я понял — лучше не стало. Оставалась последняя надежда. Я снова слил испорченную воду и стал перебирать мясо, к этому моменту распавшееся на куски. Куски оказались разными! Удача! Тщательно обнюхивая каждый, я определил, что испорченных где-то чуть больше половины. Трупные части я бросал в открытое окно, где уже давно, совершенно неподвижно и даже не дыша, сидели бездомные собаки — они такого праздничного запаха отродясь не слышали. Мясо не долетало до земли. Оставшийся продукт я опять сложил в бак, в третий раз залил водой, и — все наконец пошло по накатанным рельсам. А наваристость борщу, кстати, дает не мясо. А — вы удивитесь — фасоль. Мои бойцы были счастливы, бутанцы пробовали, удивлялись и требовали добавки, водка лилась рекой, а я никому не рассказал о том, что я пережил.

Мы прошли и проехали полстраны. Мы видели удивительные монастыри, часами сидели на службах. Мы привезли фильм и массу фотографий — они не дают никакого представления об этой стране — что-то самое главное не записывается на матрицу, не укладывается в пиксели.

Иногда ночью, когда за окном стучит дождь, я сквозь полусон слышу спрятанную в этом дожде бесконечную и монотонную буддийскую мантру. И сразу становится очень спокойно — они поют.

Маски

Из Африки привез я домой маски. Маски продавались тут и там вдоль бесконечных дорог из оранжевой глины – иногда под длинными деревянными навесами, иногда – просто на обочине. Маски были деревянные, стоили сущую ерунду, а главное – были начисто лишены той лаковой сувенирности, от которой нормального человека тошнит (вы замечали, что в любой сувенирной лавке мира ощущение такое, как будто все эти сувениры сделаны на одной провинциальной фабрике – будь то Эйфелева башня, статуя Свободы или храм Василия Блаженного?).

В общем, маски я купил, хотя мои попутчики меня не одобряли («А вот один знакомый рассказывал: семья путешествовала по Африке и купили они маски демонов, а им говорили – не надо, а они все равно купили и привезли в Москву, а потом все заболели и умерли неизвестно от чего»). Маски и правда были недружелюбными – морды каких-то африканских духов, видимо, злых. На мой вопрос: зачем такое держать в доме, африканцы отвечали, что изображение злого духа его же как раз и отпугивает своим видом. Очень возможно – собор Парижской Богоматери тоже украшен химерами: поди пойми, то ли они охраняют его, то ли разбегаются от света Христова. Я как раз переезжал в новый дом и уже представлял себе, где мои маски будут висеть – любой предмет, будучи повешенным на белую стену, сразу начинает претендовать на истинное произведение искусства, а тут настоящие этнические вещи.

Спустя некоторое время решил я новый дом освятить: маски уже висели на задуманном месте среди прочих любопытных штук. Нет, ничего плохого в смысле мистики в новом доме не происходило – просто в доме предыдущем, в котором я прожил десять лет, водилась какая-то мелкая чертовщинка – то ли домовой излишне шалил, то ли духи гуляли. Пугать это меня не пугало, но беспокойство иногда доставляло изрядное, и я не хотел, чтобы вся эта ерунда переехала вслед за мной в новое жилье. В общем, я пригласил в гости знакомого батюшку.

Я съездил за батюшкой в Москву, мы приехали ко мне, попили чай с медом и вареньем, потом батюшка достал свои причиндалы, святую воду и приступил к делу. Он обошел весь дом, читая молитву и окропляя стены святой водой. Маски батюшке сразу не понравились, я это почувствовал.

Никаких вопросов насчет них он мне не задавал, но когда я отворачивался, глядел на них недобро и брызгал на них водой даже с некоторым остервенением. В завершение он нарисовал над моей дверью маленький крестик, я поблагодарил его и отвез в Москву.

На следующий день я случайно подошел к маскам близко и увидел невероятное – все они были покрыты длинными и глубокими вертикальными трещинами. Трещины были очень узкими, но рассекали дерево практически насквозь сверху донизу, так что было непонятно, как эти маски еще не развалились. В некоторые трещины легко входил нож. Я провез эти маски через полмира и готов поклясться, что еще вчера никаких трещин на них не было и в помине. Я дождался вечера и, потрясенный, побежал к моему соседу Лене Ярмольнику делиться чудом. Леня видел маски целыми и согласился на чудо посмотреть. Мы вернулись ко мне, и тут чудеса продолжились – трещин не было. Не то чтобы они сжались и стали уже – их не было в помине: я даже принес лупу. Как будто открылись двери, что-то вышло наружу, и двери закрылись. Леня посмотрел на меня с сожалением, посоветовал не увлекаться спиртным, чаще бывать на свежем воздухе, и ушел.

Что это было? Не знаю.

Про Олимпиаду

Никогда я, надо вам сказать, не был спортивным болельщиком – стадные инстинкты меня пугали и отталкивали. Хотя отец очень любил посмотреть хороший футбол или хоккей – через маленькое черно-белое окошечко телевизора. А вот на Олимпиаде в Калгари (восемьдесят восьмой год, если кто не помнит), на финальной хоккейной игре, когда наши окончательно разделали всех, я сидел у самого бортика, практически с запасными игроками, и когда метрах в двух от меня кого-то по ходу игры приложили к борту, и раздался грохот, и борт задрожал, я вдруг понял, что хоккей – это совсем не то, что мы видим по телевизору, – это битва, это бой гладиаторов.

Нет, болельщиком в сакральном смысле я так и не стал. А вот на Олимпиадах бывал часто. Посчитал и даже удивился – Калгари, Турин, Ванкувер, Лондон… Москву восьмидесятого даже не считаю – ее неожиданная пустота, внезапные напитки, иностранные сигареты и индивидуально расфасованный финский сервелат произвели сильное впечатление, не скрою, но неприезд американской сборной сделал Олимпиаду какой-то не совсем настоящей, а потом вдруг умер Высоцкий, и очередь к театру на Таганке перекрыла все очереди на стадионы, и даже улетающий с закрытия игр мишка (хотя трогательно было придумано) отошел на второй план.

В Калгари (заря перестройки!) я приехал с небольшой группой артистов поддерживать боевой дух наших спортсменов. В силу этой самой зари перестройки все было по-новому и весьма наивно. Наверно не вспомню весь состав — певица Катя Семенова (замечательная, смешная), певец Мартынов (царствие небесное), артист театра Маяковского Фатюшин (царствие небесное), фокусник Данилин, я, кто-то еще. Жили мы в странном лесном пионерлагере километрах в тридцати от города — Олимпиада шла совсем рядом, но практически мимо нас. Предполагалось поднимать боевой дух спортсменов нашими концертами перед их выступлениями на играх. Идея, по-моему, дурная — спортсмены были целиком сосредоточены на выполнении своей задачи, мы своими песенками их только отвлекали. Помню, как какие-то комсомольские шишечки бегали втихаря продавать прямо перед стадионом билеты на соревнования — билеты им выдавались совсем не для этого, и мне было стыдно — за страну, за них. Еще на всю жизнь запомнил, как мы летели домой спецрейсом с нашей сборной по хоккею (а какой составчик был!), и финал отыграли только вчера, и они (мы!) увозили из Канады золотые медали, и Тихонов (они говорили — Тиша) не то чтобы разрешил, а — не возразил по поводу того, чтобы ребята немного выпили — и как же мы восхитительно выпили! И пели песни, и Макаров собственноручно написал мне в записную книжку текст поразившего меня дворового шедевра — «я б назвал такую королевой, что у нас давно запрещено…»

На прощание в Калгари нашей команде подарили белые ковбойские шляпы — так же естественно для Канады, как у нас подарить матрешки. Мы приземлились поздно вечером, мела метель, на поле играл оркестр. Ребята машинально надели шляпы (а куда их было девать?) и потянулись к выходу. Вдруг ворвался, забегал какой-то мелкий гэбэшник, крысеныш, — немедленно снять американские шляпы! И наши бойцы, герои, испуганно и послушно сняли. И мне опять стало стыдно. Даже не знаю, за кого.

В Турин меня привезли в качестве факелоносца. Я пытался отказаться — надо же красиво бежать и нести! — но меня уверили в том, что главное — участие. Да и компания собралась хорошая. В общем, полетел.

Генеральным спонсором Олимпиады был тогда, кажется, «Самсунг», и всем заправляли корейцы. Это были очень подробные и внимательные люди. Они проинструктировали нашу команду (вместе и по отдельности) раз пять. Каждому для несения факела полагался участок в триста метров. Я в принципе смирился со своей участью и просил только об одном: весь Турин состоит из весьма крутых горок, а поскольку мне месяц назад прооперировали колено — поставьте меня, пожалуйста, господа, где-нибудь под горку. Иначе общая красота может быть непоправимо нарушена. Конечно, сказали корейцы, даже не сомневайтесь, у нас все записано.

Подготовка к процессу напоминала подготовку к террористической акции. Нас погрузили в тесный минивэн, подвезли к какой-то переполненной народом кофейне, где мы должны были переодеться в олимпийские костюмы (по очереди, в сортире, вызывая изумление посетителей!), после чего на этом же вэне отвезли на трассу и расставили по местам. По обочинам уже ликовал и бесновался народ, сверкали фотовспышки. Я взглянул на уготованный мне участок и окаменел — это была самая крутая горка в окрестностях Турина. Протяженностью (да и высотой) как раз метров триста.

Вэн уехал, что-либо менять было поздно. Я стоял один, красивый, посреди совершенно пустой мостовой, в руке у меня располагался факел (тяжелый, собака!), и ко мне неумолимо приближалась процессия – открытый грузовичок с телекамерами, факелоносец с горящим символом Олимпиады, специальный спортсмен, бежавший справа от него. Была придумана такая подстраховка – мало ли что, вдруг споткнется, уронит. Или из толпы какой-нибудь безумец выскочит. Процессия приближалась, ее сопровождала нарастающая волна криков и аплодисментов. И вот они рядом со мной (волнение, между прочим, жуткое!), вот я поджигаю свой факел от факела (горит!) и начинаю бежать в нужном направлении. Я рассчитываю свои силы до последнего вдоха, до последнего удара пульса. Весь мир сейчас смотрит на меня.

Спортсмен-охранник пристраивается справа. Он настоящий спортсмен, ему эта горка – семечки, это для него вообще не бег, ему скучно. И он затевает со мной неспешный разговор – кто я, откуда, чем занимаюсь? И я понимаю, что это мой конец: бежать и еще разговаривать с этим негодяем выше моих возможностей, а не отвечать просто невежливо. Тем не менее я пытаюсь (еще улыбаясь в камеру, которая едет передо мной!) хоть как-то имитировать бег и поддерживать беседу, метров через сто плюю на все и перехожу на шаг. Горделиво. И не отвлекаясь больше на идиотские вопросы. Я дошел.

Ребята! Сегодня у нас Олимпиада в Сочи. Я знаю, что я рискую навлечь на свою голову, и тем не менее: давайте хотя бы на это время отделим мух от котлет. Да, опять наворовали немерено, и как с гусей вода. Да, даже факелы нормально горящими сделать не получается. Но. Это единственный и, по-моему, последний в мире праздник такого масштаба, и он призван не ссорить, а объединять людей всей планеты. И это сегодня необыкновенно важно. И наши спортсмены будут очень-очень стараться победить. А мы будем их поддерживать и за них болеть. Вы будете? Я буду.

А с воровством будем разбираться потом. Или не будем – как обычно.

Не получается

У человечества не получается. У человечества в целом. Поэтому бесконечные споры о преимуществах социалистической системы над капиталистической или, скажем, наоборот, не имеют никакого смысла. Вообще у человечества не получается.

Социалистически ориентированная часть человечества надувает щеки, врет себе и другим, под видом братской помощи подминает под себя маленьких соседей, отстает во всем, кроме производства танков, ворует сама у себя, погружается в застой, система трещит по швам, лопается.

Капиталистическая часть лучезарно улыбается, перепроизводит все, что можно перепроизвести, под видом экспорта демократии подминает под себя маленьких соседей, успешно соревнуется с социалистами в производстве танков, надувает банковские мыльные пузыри – кризис, большая беда.

Маленькие соседи изо всех сил крутятся меж теми и другими, юлят, заигрывают и скандалят, что в конечном счете абсолютно бессмысленно: все равно покроют, не те так эти.

Если кто заметил – это картинка из недавнего прошлого, когда мы еще были оплотом социализма. Ну и что изменилось?

Как ни странно, при этом существует масса аспектов, в которых человечество совершенно едино. Все мы дружно уничтожаем все живое вокруг себя, вырубаем леса, убиваем землю, отравляем воздух и воду. Мы нарушаем законы и придумываем новые, чтобы окончательно опустошить моря и океаны – с лесами уже почти покончили. Наша медицина, называющаяся почему-то традиционной, безнадежно проигрывает соревнование с мутирующими бактериями и вирусами и при этом травит нас химией.

Сегодня модно не любить американцев. Весь мир не любит американцев! Скажите, а кто кого любит? Грузины армян? Или армяне азербайджанцев? Или французы немцев? Или украинцы русских? Мы сами себя-то любить никак не научимся, и истерические крики «Россия, вперед!» пока не сильно помогают. Мы застроили и заселили Москву так, что она вот-вот встанет, задохнется, раздавит сама себя как кит, выброшенный на мель. А что – в Нью-Йорке или Париже по-другому? Ну, чуть-чуть. Мы сегодня, они завтра.

А представьте себе, что какой-нибудь чудо-Ломоносов открыл и несет в подарок человечеству новый вид сверхэнергии, или волшебное лекарство от всех болезней сразу. Ну-ка угадайте – донесет или грохнут его по дороге продавцы нефти и таблеток?

При всем при этом все мы любим своих детей и ближних, кошек и собак, не хотим воевать и болеть, читаем хорошие книжки, иногда совершаем прекрасные поступки, помогаем друг другу и вообще мечтаем жить долго и счастливо и умереть в один день.

Не получается.

И знаете, на кого одна надежда? На Всевышнего.

Да и он нам ничего хорошего не обещал. В этой жизни.

Опрокинутый мир

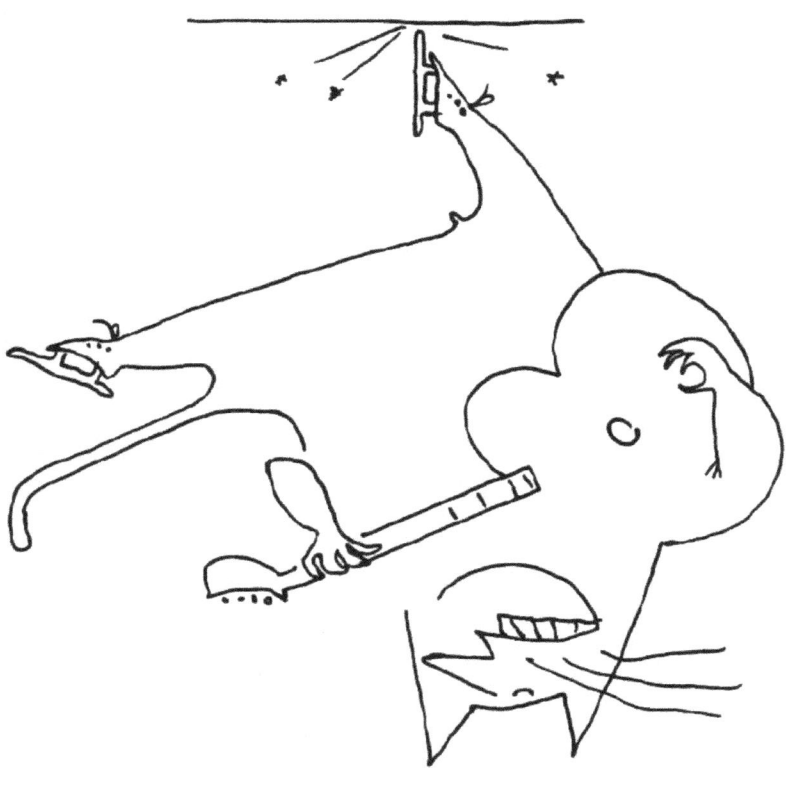

Давайте я вам расскажу про свою жизнь. Вообще-то, я музыкант. Если точнее, автор-исполнитель. То есть я сам пишу песни и сам исполняю их со сцены. В этом я вижу свое основное предназначение, этим же объясняю интерес к себе со стороны окружающих. Я работаю над песнями постоянно. Это интереснейшее и мучительное занятие. Примерно раз в два года я замечаю, что песен набралось достаточно для записи альбома.

Тогда я иду к своим музыкантам, показываю, что у меня получилось, мы вместе думаем, как эти песни сыграть и спеть. Когда все решено и отрепетировано, я ищу студию, и мы записываем альбом. Потом мы вместе с художником придумываем оформление, заключаем договор с выпускающей компанией и, альбом готов. Альбом, как ни верти, завершение какого-то жизненного этапа. Не так-то этих этапов в жизни и много.

Итак, альбом готов, и осталось подарить его человечеству. Для этого необходимо, чтобы человечество как минимум узнало, что ты записал новый альбом. И я иду на телевидение. С альбомом в зубах.

«Ух ты, – говорят, – какая пластинка! Поздравляем. А мы как раз хотим предложить вам сняться в новой программе. В прайм-тайм. Только там надо на коньках». «Но я не конькобежец!» – изумляюсь я. «Так в этом-то все и дело!» – говорят мне. «Это-то самое интересное! Видите – все артисты уже снимаются». – «А может, лучше приличный музыкант, чем плохой фигурист?» – «Нет-нет. Ну не хотите на коньках – давайте под куполом цирка». – «А может, все-таки лучше музыку?» – «Нет-нет, это никому неинтересно. У нас тут рейтинг». – «Вот удивительно, – думаю я. – На концерте интересно, а по телевизору – нет». Ладно. Дарю пластинку, ухожу.

На радио. Рассматривают пластинку, восхищаются. Я: «А?..» Они: «Андрей Вадимович, ну вы же знаете – это не наш формат. Наш слушатель это слушать не будет». Интересно: мой – будет, а ваш – нет. А какое тогда радио мой слушатель слушает? Или вообще никакое? Дарю пластинку, ухожу.

Звонок. «Здравствуйте! С вами говорит корреспондент газеты „Солнечная правда". – «Вот славно! – говорю я – Как кстати! Я как раз пластинку записал». – «Нет-нет, – говорят. – Вы нам расскажите, как вы отдыхали». – «Да не отдыхал я! Я альбом записывал!» – «Нет-нет, у нас тема номера – „Звезды отдыхают"». – «А следующего?» – «А следующего – как они катаются на коньках. Вы знаете что? Вы съездите куда-нибудь, отдохните, а потом возвращайтесь и все нам расскажете. А хотите – с вами прямо на отдых поедет наш корреспондент и будет вас снимать на фотографическую камеру». Не хочу. Потому что мой отдых, даже если он будет – это только для меня. А мои песни – не только для меня. Мне кажется, это ясно, как дважды два. Нет. Мир перевернулся.

Мимо проходит мама с дочкой лет восьми. Дочка, с восхищением показывая на меня пальцем: «Мама, мама! Повар пошел!» Мама: «Люсенька, это не повар, а известный певец». Дочка с удивлением: «А разве он поет?»

Мама еще помнит. Пока еще.

Снова звонок. «Извините, это опять из „Солнечной правды". Может, хотя бы рецепт? Специально для нашей газеты!»

Хорошо. Вот вам рецепт. Возьмите курицу. Намажьте ее маслом. И засуньте себе – знаете куда?

О чуде

Чудо – это, строго говоря, всего лишь явление, выходящее за рамки нашего понимания. Так сказать, за пределы системы координат. Поскольку человечество, несмотря на спонтанные вспышки гордости и самолюбования, только еще движется по пути познания мира – мы буквально окружены чудесами. Например, электричество: как оно работает, мы знаем, а что это вообще такое – нет. Какие электроны? Какое направленное движение? Кто их видел? Или, скажем, гены. Мой сын очень похож на меня (а я – на своего отца), мы говорим – гены. Но почему он в точности, как и я, не вешает одежду перед сном на вешалку или на стул, а аккуратно раскладывает на полу перед кроватью (причем подсмотреть у меня он никак не мог!) – это вот что? Тоже гены? Не понимаю, как гигантские железные машины, весящие десятки и сотни тонн, летают по воздуху и плавают по воде. И не надо мне про Архимеда и Ньютона – железо плавать не может. Чудо. Чудо, когда негромкие звуки, которые человек извлекает из странного деревянного предмета с натянутыми на нем жилками и проволочками, заставляют других людей плакать. Чудо, когда элементарное влечение к существу противоположного пола толкает человека на немыслимые по безрассудству и красоте поступки. Еще чудо, когда человек вдруг поступает вопреки собственной выгоде. Это называется «благородство». И вообще большое чудо, что человечество, невзирая на свою воинственность, безответственность и недальновидность, до сих пор живо. И даже численно растет — еще как.

Лет пятнадцать назад мы с Борей Гребенщиковым поехали в Непал. Я отправился туда впервые, а Боря бывал там часто и уже хорошо ориентировался, поэтому маршруты наши большей частью не пересекались с общетуристическими. Мы поселились в маленькой почти бесплатной монастырской гостинице, окна мои выходили на небольшую и совершенно круглую площадь. Посреди площади возвышалась ступа. Утром стоял густой туман, где-то пел невидимый колокольчик, и монахи в оранжевых одеждах неторопливо двигались вокруг ступы по часовой стрелке в сплошном хороводе, бормоча мантры. Худые бездомные собаки шествовали вместе с ними, сохраняя темп и направление движения. Выглядело это очень странно — и в то же время совершенно органично.

Мы забирались в горы, посещали тихие, невероятной красоты монастыри, слушали пение монахов, поднимались на ступы. Боря беседовал с настоятелями — римпоче ламами, я ограничивался созерцанием, мне нечего было у них спросить. В буддизм я погружен не был и приехал не за знанием, а за впечатлением — увидеть, услышать, вдохнуть. Я чувствовал, что Боря (а еще больше его жена Ирина) хочет, чтобы душа моя, соприкоснувшись с аурой здешних святых мест, вздрогнула и просветлилась, но религиозный экстаз меня, увы, не посещал. Впрочем, художественного впечатления, как мне казалось, вполне хватало.

В один из последних дней путешествия по дороге в очередной монастырь Боря настоял, чтобы мы зашли в пещеру, где, по преданию, останавливался отдохнуть Будда. Святынь таких в округе располагалось множество, особого желания я не испытывал, но нам все равно было по дороге. К пещере вела довольно узкая горная тропка, да и сама пещера оказалась узкой, метра два-три, высокой и глубокой щелью в скале. Внутри горело несколько свечей – плошечек с фитилями, сидели, прислонившись спинами к стене, три бабушки с какими-то корзинами. Они негромко беседовали и не обратили на нас никакого внимания. В общем, все выглядело более чем буднично и никакими чудесами не пахло. Я по совету Бори присел на землю недалеко от бабушек, прислонился спиной к стене пещеры и закрыл глаза.

А дальше произошло вот что. Горячий электрический ток (или свет?) возник у меня в самом низу позвоночника, медленно поднялся, разгораясь, к голове, и в ней взорвался солнечный шар. Тело потеряло вес. Я открыл глаза. Слева совсем рядом от меня располагался выход из пещеры, далеко внизу до горизонта ступеньками лежали чайные поля, за ними синели горы, но я видел, что за этими горами высятся другие, а за ними еще, а потом долины, реки и леса, и все это покрывает голубой купол небес, и во всей этой картине мира было разлито такое море спокойствия и гармонии, и невиданного доселе света, что время остановилось, и я понял, что плачу.

Я не знаю, сколько это продолжалось. Думаю, недолго – несколько минут. Потом свет стал угасать и постепенно вернулся к обычному, дневному. Нет, что-то осталось – в воздухе, в спине, в голове? Я поднялся и вышел из пещеры. Наверно, по виду моему нетрудно было понять, что со мной произошло – Ирина просто молча обняла меня.

А потом я вернулся в Москву, и след того волшебного ощущения мгновенного полета над миром постепенно таял,

таял, и за пару месяцев растаял совсем. Поведение мое за это время оставалось совершенно обычным, кроме, пожалуй, одной мелочи: я вдруг обнаружил, что совершенно не расстраиваюсь, если проигрываю на бильярде, – а раньше переживал страшно. Теперь расстраиваюсь, как и прежде.

Хотя – если я до сих пор помню это посетившее меня чувство и даже пытаюсь об этом рассказать – может, не совсем все прошло? Может, что-то осталось?

Надежда

Раньше в таких ситуациях начинал с того, что лез в словари – чтобы определиться с понятием или не согласиться с определением. Ну-ка, быстро, с ходу – что такое надежда, а? То-то. А там люди думали, анализировали, копались в анналах.

Вот не полезу.

Замечу сразу – надежда иррациональна. Потому что если надежда опирается на информацию, которую ты вольно или невольно изучил, – это уже на надежда: это расчет. Прогноз. «Я тщательно обследовал остров, узником которого невольно оказался, и у меня появилась надежда…» Чушь собачья, какая же это надежда. Это логический вывод на основе полученных данных.

Ну-ка, что это за три сестры такие – Вера, Надежда, Любовь? Все три (не как сестры – как понятия) имеют самое непосредственное отношение к Богу. Любовь – это присутствие Бога в человеке. Ладно, мы сейчас не про любовь. Вера – во что? Во Всевышнего? Или в то, что Всевышний тебя никогда не оставит? Тогда это уже Надежда, правда?

Не очень я верю в историческую подлинность мифа о Вере, Надежде, Любви и матери их Софье. То есть в тот факт, что злой император Адриан насмерть замучил трех маленьких девочек (Вере – двенадцать, Надежде десять, Любови – вообще девять) за то, что они отказались поклониться римской богине Артемиде, а наоборот, упорно проповедовали христианство. И страстные проповеди в девять лет представляю с трудом, и самого Адриана в этой ситуации – вот уж делать ему, императору половины мира, больше нечего было. Нет же – пытал немыслимо, замучил и казнил. Но дело не в том, было или не было. В конце концов и религия, и культура, и история – все растет из мифов. Я вот о чем: вещая фраза «Надежда умирает последней» – это, как мы привыкли думать, о том, что надежда сильнее чем вера и любовь? Или мы слишком глубоко копаем, и это всего лишь констатация хронологии событий – сначала убили Веру и Любовь, а потом Надежду? А если бы, скажем, это произошло в другом порядке, говорили бы – «Вера умирает последней». Или – «Любовь умирает последней». Тоже красиво. И тоже поспорить трудно, правда? Искал-искал подтверждения (или опровержения) своей догадки – не удержался, полез все-таки в анналы – ничего не нашел. Не докопался.

Вот что я вам скажу. Надежда – это голос жизненной силы в человеке. Голос этот не имеет никакого отношения к разуму. Поэтому надежда возникает независимо от обстоятельств. Поэтому и умирает последней – как ни банально это звучит. Одновременно с человеком.

И вот ты бултыхаешься и бултыхаешься, задыхаясь, в этом белом и жирном, и разум твой уже в который раз говорит тебе – хватит, остановись, это совершенно бесполезно, края скользкие и до них не дотянуться, и товарищей твоих уже не слышно – они достойно и смиренно ушли на дно, а ты все бьешься и бьешься, и это уже не второе – это какое-то двадцать второе дыхание, и откуда оно только взялось, и время давно остановилось, и вот еще один гребок, и еще один, а потом еще, и вот тебя оставили и силы, и разум – да ты уже и не живой, только крохотный огонек надежды все мигает и мигает на самой кромке твоего гаснущего мира — и вдруг твои ноги коснулись чего-то твердого: это сливки наконец превратились в масло.

Письмо Леониду Филатову

Дорогой Леня!

С тех пор, как ты оставил нас, мир сказочно поглупел. Ты даже не поверишь — как быстро, катастрофически и бесповоротно.

Недавно ходил на премьеру фильма по твоей сказке – про Федота-стрельца. Сам я к этому фильму отношения не имею, но позвали – пошел. Во-первых, потому что очень люблю твою сказку. Во-вторых, до сих пор наивно полагаю, что зовут, потому что хотят сделать приятное.

Премьеры, Леня, теперь совсем не похожи на те, которые ты помнишь, в Доме кино. Помнишь, у входа давились зрители, все спрашивали лишний билетик – бесполезно! А еще была пресса – та самая, советская, которую мы не любили и знали ей цену. Но вот интересно – эта самая пресса наутро сообщала читателю, что на экраны вышел фильм режиссера такого-то по такому-то сценарию, и играют такие-то актеры, и кто сыграл особенно хорошо, и вообще – получилось или нет. То есть то, что мне, не попавшему на премьеру, хотелось бы знать.

Сегодня зритель на премьеру не ломится. Зачем? Билет в кино – дорого. За эти деньги на Горбушке можно будет через месяц купить лицензионную дивидишку, а пиратскую – прямо сейчас, и в три раза дешевле (эту Горбушку, Леня, все страшно ругают, но, по-моему, только для вида, поэтому живет она не тужит, и даже обзавелась огромным крытым павильоном, чтобы удобнее было торговать ворованным). На звезд зрителю тоже смотреть неинтересно – они в разных телевизионных забавах уже глаза намозолили. Звезды нужны журналистам. Поэтому и тех, и других зовут на премьеру в огромном количестве.

И вот не успел я снять пальто, подлетает первая журналисточка. Такая молоденькая-хорошенькая с микрофончиком: «Будьте добры, несколько слов для нашего канала по поводу фильма!» – «Так я его еще не видел!» – удивляюсь я. «Ну и что? А вы сказку Леонида Филатова читали?» –

«Конечно, читал». – «И кто у вас там любимый персонаж?» Ну, я набираюсь добра и объясняю этой крошке, что вообще-то не склонен расчленять произведение искусства на любимых и нелюбимых персонажей, на положительных и отрицательных героев – я не в четвертом классе и мне завтра изложение не писать. Вижу – не понимает, но тут слава богу, какой-то известный фигурист вошел, она на него кинулась. Не успел шаг сделать – вторая, такая же: «А что же вы без маленьких детей?» – «А разве это для маленьких детей?» – «Так мультик же!» – удивляется. «Друг мой!» – говорю я ей. «Ты сказку-то читала?» – «Нет, – говорит, – все как-то на работе… А вы, наверно, читали?» – «Читал». – «И кто у вас там любимый персонаж?» Собрал силы, объяснил ей про персонаж. «Спасибо! А еще скажите своим голосом: „Вы слушаете „Радио Ха-Ха"! И еще поздравьте наших слушателей с Новым годом! А заодно – с Восьмым марта и Днем независимости». «Господи, – думаю – чтоб два раза не вставать». Развернулся, сделал шаг – подскакивает третья. Точно такая же. С микрофончиком: «Здравствуйте! Несколько слов по поводу фильма! Скажите, кто у вас там любимый персонаж?»

И тут, Леня, я ее послал. Знаю, нехорошо так с девушками. Но запас прочности иссяк. Обиделась.

Огляделся я вокруг и понял, что происходившее со мной – небольшая составляющая происходящего вокруг. И звезды вокруг меня, улыбаясь, рассказывают журналисточкам кто у них любимый персонаж. У кого – Федот, у кого – Баба-Яга, у кого – генерал. И ничего, морд не корчат.

«Машенька, тебе кто больше нравится – Хрюша или Степашка?»

Может, я урод?

Но не удержался и все-таки спросил у одной известной артистки, почему эти журналисточки такие дуры. «Да что же вы хотите! – ответила она, ничуть не удивившись. – Вы посмотрите, что они читают, что смотрят!» То есть читают они и смотрят примерно то же, что сами потом и пишут. Такой самовоспроизводящийся навоз.

Знаешь, интересно: когда берешь в руки старинные очки (да какие там старинные – пятидесятых годов!) выясняется, что кончики дужек не достают до ушей. А котелок или цилиндр большого размера найти практически невозможно. То есть за такой короткий срок головы у людей ощутимо выросли.

Головы-то выросли…

А фильм, кстати, Леня, милый. С забавными картинками. И озвучен хорошо.

Особенно если не видел, как ты сам свою сказку читаешь.

Остаюсь вечно твой – А. Макаревич

О постели

Давным-давно кто-то вычислил, что примерно треть жизни человек проводит во сне. То есть в постели. Я знаю людей, проводящих там гораздо большую часть своей жизни, но вернемся к средним величинам. Итак: треть жизни — это двадцать с чем-то лет. А ведь ни за каким другим занятием, ни с каким приспособлением этот самый человек столько времени не проводит — ни за обеденным, ни за праздничным, ни за рабочим столом, ни за рулем, ни с музыкальным инструментом, ни с лопатой. В постели. Забавно, правда?

Когда я был еще относительно молод и романтичен, и мы с «Машиной» постоянно мотались с гастролями из города в город, из гостиницы в гостиницу, я с восхищением думал — сколько же всего помнят гостиничные кровати! Сколько тайн они хранят! А сейчас понимаю — ни черта они не помнят, да и тайн-то никаких нет — одни и те же, в общем, телодвижения, пьяный лепет. Или одинокая свинцовая усталость. Тоже не без запаха перегара. Вот и все тайны.

Впрочем, гостиницы я люблю до сих пор, как и гостиничные постели (как же они изменились с советских времен — и те и другие!). Нет, они все-таки насмотрелись. Мне нравится их молчаливое никчемное знание. Я гораздо лучше высыпаюсь в гостиничной кровати, чем дома. Хотя казалось бы — уж дома-то сооруди себе постель какую только хочешь, не жалей денег на предмет номер один! Нет, не в деньгах дело. Просто с гостиничной постелью ты не настолько близок, чтобы она без спросу вступала с тобой в диалог – ничего личного, приехал – уехал. А домашняя, видимо, в той же степени считает тебя своей собственностью, в какой считаешь ты ее, да и помнит она меньше, следовательно лучше, и лезет со своими воспоминаниями когда ты меньше всего этого хочешь. А еще – я ненавижу убирать постель. Какие-то маленькие похороны неизвестно чего. А в гостинице разметал одеяла и подушки, а еще и полотенец на пол набросал – для красоты жизни. Ушел, вернулся к ночи – все свежее, все на местах. Спи с чистого листа.

Представим себе историю человеческой жизни как историю постелей этого человека. В таком, скажем, ракурсе. Я, например, не смог вспомнить свою первую кровать – хотя память моя проснулась очень рано – мне не было еще и года, и коляску свою я помню, например, очень хорошо – с белым откидным клеенчатым верхом на хромированной рамке, с небесно-голубыми овальными пластмассовыми боковинами. Подо мной между высокими колесами на белом резиновом ходу была натянута сетка – чтобы класть туда всякую всячину, граждане тогда без хозяйственных сумок и авосек в город не выходили, время такое было. Еще авоську можно было повесить на боковой (хромированный же!) крючочек – их было два, они располагались там, где рамка откидной крыши моего кабриолета крепилась к корпусу. В общем, крутая у меня была по тем временам коляска. Она же и служила мне первой постелью, как я выяснил с помощью своей тети Гали (дай ей Бог здоровья), потому что потом прямо из коляски я перебрался в тети-Галину кровать – она уже была не детская, а вполне себе подростковая – тетя Галя к этому моменту давно из нее выросла и спала тут же на раскладушке, а кровать не выбрасывали, держали мне на вырост. Прямо за моей головой стояла настоящая низкая и очень широкая (как мне тогда казалось) двуспальная кровать – там спали папа и мама. Происходило это все в одной весьма небольшой комнате коммунальной квартиры (хотите посмотреть? Угол Волхонки и Колымажного, Музей Изобразительных Искусств, желтый двухэтажный домик «Собрание частных коллекций», угловой полукруглый выступ с окошечком – вот это как раз окошечко нашей спальни. Внутри, правда, уже ничего общего – все поломали к чертовой матери).

Кровать была для меня необыкновенно просторна – и вширь, и вдаль. Первые годы левый борт ее затягивали сеткой – чтобы я с нее не гукался. Борт правый примыкал к стене. Во всю эту стену папа соорудил книжные полки – до потолка. Папа строил полки сам, я помню мерзкий запах морилки. Мама очень боялась, что полки не выдержат веса книг и эти книги меня накроют. Но этого так и не произошло. Скоро, встав в кровати на цыпочки, я мог дотянуться до нижней полки – с учетом этого там и стояли мои книжки – Чуковский, «Чудо-дерево», рисунки Конашевича, «Приключения Буратино», рисунки Каневского, «Дядя Степа – милиционер» Сергея Михалкова, «Руслан и Людмила» (большая, цветные картинки, не помню чьи – чуть не Билибина), Приключения Чиполлино» (большая, темно-синяя), «Джельсомино в стране лжецов», Приключения Незнайки и его друзей» Носова, серый двухтомник Агнии Барто, чуть позже – двенадцать томов Жюля Верна. Они были коленкоровые, цвета военного корабля, на тисненом корешке синяя полосочка и на ней золотом – «Жюль Верн». Я обожал их нюхать. До второй полки я не допрыгивал, как меня ни подбрасывало панцирное нутро кровати, — а там располагались великолепные фолианты — «История гражданской войны», «Польский плакат», «История искусств» Гнедича, «Старинная русская икона» издательства ЮНЕСКО… Папины книги. Их можно было рассматривать только с ним. Однако мы отвлеклись.

Панцирная сетка — это хитрое переплетение стальных пружин внутри чугунной рамы. Рама синего цвета. Конструкция довольно упругая — раскачаться в ней можно было ого-го как. При этом она издавала дивные звуки. На поролоновом матрасе так хрен раскачаешься. А поверх пружинного плетения лежал обыкновенный советско-солдатский ватный матрасик (помните детскую загадку тех лет — «уссатый-полосатый»?). Действительно, бледно-голубые полосы украшали его вдоль. Простеган матрас был серыми ватными пумпочками и в целом являл собой амортизатор между бешенством стальных пружин и моим хлипким телом — а был я и вправду хлипок до чрезвычайности и кровать-то помню так близко из-за того, что все время в ней болел. А когда валяешься в кровати и делать абсолютно нечего — лучше всего запоминаешь ее спинку: нарисовать могу хоть сейчас, а словами описать непросто — в общем, весьма торжественная конструкция из хромированных и крашеных под рыжий мрамор (представляете себе?) стальных трубок и деталей. С двумя хромированными обязательными шарами по верхним углам. И за моей головой — точно такая же! Горделивая вещь, привет неоклассицизму.

Одеяло у меня было страшно колючее, в тревожных красно-белых разводах, избражавших каких-то жутких белок на ветвях, и когда оно вырывалось из пододеяльника в ночи — возникало ощущение, что ты укрыт наждаком.

Спал я в этом чуде довольно долго – до третьего класса. Помню, в конце нашей совместной жизни моя кровать уже совсем не казалось мне просторной. И мы переехали в отдельную квартиру – на Комсомольский проспект.

Я получил (невероятно!) почти отдельную комнату. Почти – потому что у окна стоял папин рабочий стол с большой чертежной доской – папа за ним работал и рисовал. Скоро стол у нас стал общим. Новая же кровать моя являла собой модный по тем временам диванчик с прямоугольным поролоновым местом для сидения и лежания и двумя прямоугольными же подушками, образующими спинку. Так как в длину диванчик был невелик, для полноценного превращения его в кровать из торца выдвигалась полочка-продолжение, и на нее укладывалась одна из подушек. При этом выдвинутая полочка перекрывала собой часть двери в мою комнату, и комната становилась недоступна снаружи. Преимущество этого факта я оценил чуть позже. А еще позже, когда вдруг оказалось, что диванчик может служить не только для спанья в одиночку, это его качество сделалось просто незаменимым, и мама безуспешно пыталась заглянуть в дверную щелочку, чтобы увидеть, кто это там у меня в гостях – ширина щелочки этого просто элементарно не позволяла. В конце концов мама, оставив на столе в кухне разгромную записку, убегала на работу, и я выпускал узницу из плена.

А потом я женился, и мы переехали с женой в маленькую, но свою квартиру на Ленинский проспект (вот это было да!). Я к этому моменту уже неплохо зарабатывал как артист Росконцерта, и по этому случаю была самостоятельно куплена настоящая взрослая двуспальная – пусть не самая широкая в мире, но двуспальная – кровать венгерского производства. Это были принципиально новые отношения с жизнью. Как же это было замечательно! Какое-то время.

Почему все кончается?

Потом были другие жены, другие кровати, другие дома…

Сейчас на женской половине моей кровати лежит гитара и постоянно раскрытый гастрольный чемоданчик. Они всегда наготове. А кровать – кровать меня терпит. Так мне кажется.

Интересно: «умер в своей постели» – это хорошо?

Предновогоднее

Наступаешь на стоячий эскалатор или сходишь с него – обязательно споткнёшься. Удивительное дело! Я уже и в метро не езжу лет двадцать, и на эскалаторах кататься негде, и подходишь к такому стоячему и говоришь себе: это просто обычная лестница. Бесполезно! Наступаешь и спотыкаешься. Память тела, оставшаяся с детства, сильнее.

К чему это я? А к Новому году. Ну взрослые же люди – чего хорошего? На улице – слякоть, на дорогах – дикие пробки, в магазинах – давка. Последние декабрьские дни тянутся медленно и мучительно. Закончить это, сдать то, не забыть поздравить этих и этих. И подарки, подарки! Так уже, видимо, и не научимся дарить подарки к Рождеству – спасибо дедушке Сталину – все к Новому году! Никого не забыть – составить список, а то точно забудешь! – и ведь еще каждому свое, особенное! Потому что у нее в доме конфет не едят, а этому мы это в прошлом году дарили, а у этих еще дети! Ну не пытка? И носишься в последний рабочий день – не по домам же развозить! – а там уже пьют, и обязательно торт, и от стаканов на неубранных бумагах мокрые круглые следы, и хохочут, и усаживают тебя на полстула, и суют в руку чашку со следами губной помады, а ты за рулем и вообще жутко торопишься – надо еще в три места успеть, а Москва совершенно не едет. «Ну, по чуть-чуть!» Ну ладно, только по чуть-чуть. С наступающим!

У артистов еще одна предновогодняя радость – корпоративные вечера. Очень плотный недельный поток одного и того же. Одна и та же обойма исполнителей – из зала в зал, с вечера на вечер. В залах – та же жара, плотный дух банкета, нехорошо танцующая масса нетрезвых людей. Ну да, платят. Грех жаловаться.

А в последний день – муки выбора. Где гуляем? У этих или у этих? Да эти вроде не звали! Ничего, позвоним, поздравим – позовут! Или в ресторане? Что, все к нам собрались?

А еще теперь модно ездить с места на место. Ни разу не видел, чтобы гаишник остановил кого-то в новогоднюю ночь и велел дыхнуть, хотя останавливай любого. Это уже будет какой-то совсем нечеловеческий поступок. Есть все-таки какие-то вещи.

А чего ездить-то? Как будто медом намазано! Везде будет одно и то же – примерно одинаковый стол и напитки (все-таки мы традиционалисты), а часа через два – примерно одинаковые лица. И обязательный «Огонек» по телевизору, или как он там теперь называется. И все сядут, будут смотреть и ругать. Это тоже новогодняя традиция – смотреть и ругать.

И что хорошего?

Нет-нет, говорит тебе голос из далекого детства. Будет настоящий праздник, и будет чудо. И ты встретишься с самыми близкими друзьями, и тебе будут рады, и все будут красивые-красивые, и вы встанете и поднимете бокалы за уходящий год, и чтобы все беды ушли вместе с ним, а потом – за Новый, и чтобы все у нас с завтрашнего дня стало чуть-чуть по-другому – лучше, и чтобы у каждого сбылось в этом Новом году все, о чем он мечтает. И ведь сбудется! Не может не сбыться, когда столько замечательных людей пьют за это одновременно!

И веришь! И сам уже седой дядька, и Дед Мороз умер лет сорок назад, а веришь!

Память тела. Или души?

А еще – с первого января в измученной предновогодней давкой Москве наступят две восхитительные недели – без пробок. Потому что ЭТИ с мигалками уедут отдыхать. А тут еще Рождество, а потом Старый Новый год! Ну где еще, в какой другой стране?

С наступающим!

Моя революция

С юных лет я не любил всё революционное. На эстетическом уровне. Исключение составляли, пожалуй, будёновки – красиво нарисованы, я ещё не знал, что художник Васнецов придумал их вовсе не для красных кавалеристов. Не нравились советские плакаты к празднику Октября – циклопические матросы, рабочие и крестьяне с мускулистыми шеями толще голов и яростно-возвышенными лицами. При всей любви к русскому авангарду не нравились революционные плакаты Маяковского: грубый и условный красный пролетарий красным молотом вбивает в землю шарообразного чёрного буржуя – первобытной ненавистью веяло от этих подмалёвков. Не нравилось.

Моя бабушка Лидия Антоновна, учитель биологии и покровительница юннатов, привила мне любовь ко всему живому – от муравьёв и мошек. Я мог часами лежать в траве и не дыша наблюдать за каким-нибудь жуком или лягушонком. Так вот – природа не знает революций. В природе рождаются, живут, продолжают род, умирают. Да, едят друг друга. Но строго следуя мудрым законам мироздания – никто никого не убивает ради убийства. Будь быстрым, ловким, и тебя не съедят. Совершенствуйся. И антилопам не приходит в голову свергнуть львов. Да, в стае могут состязаться и даже биться – не насмерть, за место вожака. Это называется естественный отбор. Но в целом жизнь природы подчинена единой великой гармонии.

Мы, люди, быстро исправили этот непорядок.

Революции возникли практически одновременно с человеческой общиной. Потому что оказалось, что тех, кто наверху, меньше, а пирожных у них больше. Да они у них все! И они сами решают, кому раздавать объедки! И вот возникает некто пассионарный. Да какого хрена, думает он, почему они, почему не я? Он встаёт на камень (бочку, броневик) и возглашает: идите, люди, за мной. Я знаю как надо. Через четыре года здесь будет город-сад! Со всей своей пассионарностью. И население, собравшееся вокруг, раззявив рты, превращается в революционные массы. Не все, конечно, – а всех-то и не надо! Знаете, сколько было в России большевиков на момент революции? Одиннадцать сотых процента! Ничего, хватило. И их, и дураков вокруг. Здесь очень важны сочувствующие – пусть втайне, пусть в душе. Почему весь мир обожает фильмы про благородных бандитов и равнодушен к фильмам про героев труда? Потому что человек, поднявшийся против системы, – это так романтично! Тем более что система эта заскорузла и каждого однажды да обидела. Девушки шепчутся с восхищением – он такой крутой. А ты, который был героем только во сне, завидуешь глубоко внутри. И желание хоть как-то, безопасно, приблизиться заставляет помогать. Кто денег дал втихаря, кто в своём подвале спрятал от полицейской облавы… Ты спрятал гиену, идиот! Они же тебя через пару лет повесят! Куда там…

И вот, представьте, получилось. Десять человек, рвавшихся к власти, скинули сотню в эту власть вцепившихся. А нечего было ослаблять хватку. Скинули, поубивали, посажали, провозгласили. Какова задача номер два? Правильно – эту самую власть удержать. Чтобы не было, как с только что убитыми и посаженными. Тем более что с обещанным городом-садом как-то не получается. На скаку рубить – пожалуйста, эспроприировать – ради бога, лапшу на уши вешать – умеем, а вот с городом-садом – не очень. Не идёт созидание. Поэтому народ следует приструнить и напугать. Всё, наскакались. К тому же народ этот из революционных масс сам на глазах превращается обратно в население, и, поняв, что с садом, да и с городом его бессовестно наебали, начинает тревожно озираться по сторонам. Поэтому любая революция тут же оборачивается диктатурой. Полетели головы, посыпались погоны. А где-то на самом краю этой несчастной территории уже родился новый пассионарий. И растёт на глазах, сволочь.

И вот почему я должен всё это любить?

Мне четырнадцать лет, я в девятом классе, и обо всех этих глупостях ещё не думаю. Я сижу на задней парте, тихонько барабаню по ранцу, расписанному битлами в разных позах, электрогитарами и названиями битловских песен. Я изрисовал его так, что натуральный рыжий цвет его почти не читается. Я барабаню и думаю о первом аккорде с пластинки Hard Day's Night – как же он берётся? Мы делаем группу!

Элемент битловской волосатости в иерархии духовного следования кумирам – архиважная вещь. Лучше всего обстоят дела у нашего барабанщика Юрки Борзова – у него роскошная русая чёлка по самые глаза: чисто Брайан Джонс. У басиста Мазая не так похоже, зато усы – как на «Сержанте»! Я сплю ночами в розовой резиновой шапочке для плаванья, предварительно густо натерев голову мылом – кудрявость битловской эстетикой не предусмотрена, а как выглядит Хендрикс, я ещё не знаю. До вечера чёлка не расклеивается, держится кое-как.

Учителя не разделяют наши взгляды на красоту и требуют привести себя в порядок – строже и строже. Наконец наступает взрыв – прямо посреди урока в класс врывается директриса по прозвищу Тыква, поднимает нас троих и выпроваживает из школы с условием, что возвращаемся мы только в приличном виде – как все. Как все, блин.

Мы бредём вверх по Пятницкой – вокруг гремит апрель, горланят птицы, синеет небо, а в наших душах ночь. Мы мрачно курим и вполголоса обсуждаем дальнейшие действия – ну её, эту школу, или всё-таки что-то придумаем, не позволим себя унизить? И мы находим решение.

Парикмахерская через два дома. В это время там никого нет. Мы садимся в кресла одновременно. Мы кладём головы на гильотину. Мы стрижёмся наголо. Под ноль.

Душевные муки оказываются сильней, чем я предполагал. Отрежьте павлину хвост, слону – хобот, бабочке – крылья, жирафу – шею и в процессе смотрите им в глаза. Гора волос на полу – уже не мои, я поднимаю веки и гляжу в зеркало – кто это? Мы выходим на улицу, ветерок очень непривычно холодит затылок. Это через двадцать пять лет приблатнённые сопляки начнут косить под откинувшихся и в моду войдёт короткий ёжик, но у нас даже не ёжик – и новобранцев-то так не рихтуют. Мы похожи на марсиан. Неожиданно делается смешно и легко.

В школе мы проскальзываем в сортир на второй этаж – идут уроки, и нас никто не видит. Мы закуриваем. В сортир заглядывает физрук Игорь Павлович по прозвищу Фитиль, смотрит на нас, удивлённо говорит: «Здравствуйте», и выходит, не пописав. Мы понимаем, что он нас не узнал.

В кабинет к Тыкве мы идём уже уверенно и, по-моему, заходим без стука – я сейчас это так вижу. Тыква сидит за столом и что-то пишет. Она поднимает голову, выражение сползает у неё с лица, а новое так и не приходит на смену. «Ну… лучше», – выдавливает она из себя. И мы идём на урок. Топоча.

А в классе нам устраивают овацию.

Имеет ли эта история хоть какое-то отношение к революции?

Мы ведь бились только за себя. Мы не хотели переделать мир.

Хотя – хотели, конечно.

Мечты, мечты…

Про время, людей, предметы и клуб «Индра»

Самолет сильно задержался, и в гостиницу города Гамбурга мы приехали поздно вечером. Погода за окном стояла отвратительная, я раскидал вещи по номеру и уже собирался прилечь и включить телевизор, как вдруг ко мне ворвался мой товарищ Володя – сильно возбужденный – и объявил, что мы немедленно едем на Риппербан – поклониться местам, в которых играли юные Битлы. «Сейчас или никогда!» – кричал он. Не знаю, почему я согласился.

Совсем молодая и еще никому не известная группа «Битлз» приезжала в Гамбург трижды – в шестидесятом, шестьдесят первом и шестьдесят втором году. В шестидесятом их вытурили из Германии, потому что Харрисону еще, оказывается, не исполнилось восемнадцати, а работали они в ночных клубах. Играли по 4–5 часов в день, точнее – в ночь, спали за экраном кинотеатра, в общем, все как надо. Риппербан – вообще веселое местечко: в шестидесятые годы все бордели и прочие ночные заведения располагались именно там.

Мы довольно долго перлись под холодным дождем по уже пустому Риппербану, отыскивая заветный поворот направо. Там, в переулочке, располагалось наиболее известное пристанище Битлов – «Стар клуб». Осталось от него только название – внутри гремела дискотека, толпились немецкие дети, и Битлами не пахло. Только мемориальная табличка сообщала о том, что именно здесь, столько-то лет назад… «Ну и ладно», подумал я.

А совсем рядом, чуть глубже в переулок, находилось другое, значительно менее известное заведение – клуб «Индра». Никакой толпы не наблюдалось, двери были открыты. Внутри клуб оказался маленьким и как-то странно неуютным. Непохоже, чтобы его ремонтировали за истекшие сорок лет. Попахивало сортиром. На крохотной и очень низкой сцене стояло древнее ободранное пианино – явно чудом сохранившееся после английских бомбежек сорок пятого. На стенах висели фотографии скачущих по этой самой сцене Битлов – любительские, сильно увеличенные и оттого особенно достоверные. Время, несущееся черт знает куда, почему-то застыло внутри этих стен. В клубе никого не было.

Почти никого. По ту сторону бара возвышался сильно немолодой, волосатый и бородатый бармен – живой монумент семидесятым. За стойкой сидела некрасивая белокурая деваха, уткнувшись в кружку пива. Бармен поприветствовал нас кивком головы, деваха даже не заметила. Здесь было как-то по-настоящему. Мы с приятелем выпили за Битлов и сразу еще раз за Битлов. Потом приятель пошел целовать стены, а я присел у барной стойки и стал думать о том, что предметы, как правило, живут дольше людей и явлений. Ладно каменные стены – бывает, какая-нибудь записная книжка в ящике стола переживет человек вдвое, а начнешь листать – внутри трамвайный билетик, и совсем как новый – где та улица, где тот трамвай? И вот уже никаких Битлов сто лет как нет, а запах их остался. Что-то такое восторженное я и произнес вслух, даже не обращаясь к девице, сидевшей от меня слева. На что она вдруг ответила, что это нам, туристам, тут в радость, а она всю жизнь живет этажом выше, и музыка грохочет ночами и мешает спать, и мы с нашими восторгами ей изрядно надоели. «Битлы, Битлы, – ворчала она, – подумаешь! Этот самый Джон Леннон однажды ночевал у моей матери!» – «Ну и что?» – спросил я, замирая, понимая весь идиотизм вопроса. «Да ничего, – ответила девица, – напился пьяным и всю ночь читал ей стихи!»

Это было настолько обыденно и не по законам жанра, что я поверил ей сразу. Заведение закрывалось. Вернулся, весь в паломническом экстазе, мой приятель, мы еще раз выпили за Битлов, и, подняв воротники, вышли под проливной дождь.

Зов

У приёмника было имя – «Филипс». И имя и внешность выдавали в нём инопланетянина. Я уже видел у товарища чудо рижской радиотехники – «Спидолу», она и задачу свою выполняла почти так же, и звучала почти так же, но вид отёкшей мыльницы, родовая печать социализма, не давал ей шансов. «Филипс» был нарисован совсем иначе – какая разница, казалось бы? Я даже не смог бы объяснить, сколь огромное это имело для меня значение. И не потому что я собирался форсить с ним перед друзьями – из дома «Филипс» выносить было нельзя. Нет, лично для меня. Как добиться элегантности от простого прямоугольного пластмассового ящичка? Наверно, надо много-много лет каждый день рассматривать, держать в руках и рисовать предметы исключительной красоты. И только их. В стране победившего социализма это было невозможно по определению. Оставшись в комнате один, закрывал дверь, брал его в руки бережно, в который раз рассматривал, не включая. Пропорции не совсем обычные – чуть больше, чем полтора квадрата, книзу чуть-чуть увеличивается в толщине – ровно настолько, чтобы увидеть это не глазами, а ощущением, всё на чуть-чуть! Задняя его половина из ярко-красного материала, по периметру примыкает хромированная антенна в форме буквы «П» – откидывается вверх одним движением. Фасад белый, по верхней части проходит ослепительная шкала – окно в мир. Наша часть этого мира ещё не знает слово «металлик», но сейчас могу сообщить, что цветом шкалы являлся именно светло-голубой металлик. Шкала не подсвечивается, да это и не надо – она и так горит огнём. Слева от неё выступает из корпуса колёсико, это громкость и одновременно включение. Щелк – и рядом загорается невозможно оранжевым цветом крохотный кругленький глазок. Цвет такой яркий, что кажется, что это лампочка. Ночью в комнате видно – нет там никакой лампочки, просто цвет такой. Справа от шкалы – такое же колёсико, оно плавно гоняет влево-вправо тонкую бордовую вертикальную стрелочку – это настройка. Дома у нас стоит пузатая лакированная радиола «Эстония» – она скорее мебель, чем прибор. На чёрной стеклянной шкале её изображены косо расположенные прямоугольнички, под ними надписи: «Копенгаген», «Рига», «Ливерпуль», «Осло», «Рейкьявик»... Это красивая художественно-политическая фантазия времён оттепели – никакого отношения хрипы и обрывки иностранных фраз, вылетавшие из «Эстонии», к этим городам не имели. На моем «Филипсе», на шкале, – только цифры. 31, 39, 42, 49 – короткие волны. И всё совпадает! За гудением глушилок прячутся враждеские голоса. «Программа „События и размышления". У микрофона Виктор Французов». Мне плевать и на события, и на размышления – у битлов вышел новый альбом, они же не могут об этом не рассказать! Ведь это и есть настоящее событие!

В субботу вечером вся семья на даче в Валентиновке. Вечером пьём чай на терраске. Стемнело. Видимо, глушилки не добивают до нашего дачного посёлка – папа крутит «Филлипс», внезапно отчетливо раздается: «This is the voice of America from Washington, Jazz Hour» – невероятный баритон

Луиса Канновера. «Сделай тише, соседи кругом!» – строго командует бабушка. Бабушка знает, о чём говорит.

Но мой космический зов, мой далекий очаг неизвестных науке вибраций – это Radio Luxemburg 208. Двести восемь – это их частота, средние волны, это совершенно аполитичная радиостанция, которая двадцать четыре часа в сутки крутит свежую музыку. Никто их не глушит, просто они, видимо, не такие мощные, да и средние волны до нас еле долетают. Они приходят ко мне с другой планеты. Во всех отношениях. Они пробиваются из последних сил. Поэтому каждый долетевший звук бесконечно ценен и заряжает меня неведомой мне энергией. Я это чувствую каждой своей клеткой и больше всего хочу, чтобы это никогда не кончалось. Через пару часов глаза начинают закрываться, звуки визуализируются, я вижу этот волшебный мерцающий свет на самом краю вселенной, мне кажется, я даже могу разглядеть богоподобных людей с длинными волосами и невероятными электрогитарами – у меня никогда не будет такой, я вижу, как их пульсирующая, небесная музыка продирается ко мне сквозь радиопомехи – они похожи на дырявые колючие облака, они тут и там, но музыка сильнее – какое это счастье! Спросите, кого я там слушал? Всех, кого передавали. Иногда узнавал Monkees, Dave Clark 5, Hollies, Kinks – и радовался им как старым знакомым. Кажется, они мне тоже.

Сегодня я часто думаю – а что было бы, если бы эта станция звучала в те годы из каждой радиоточки вместо «Радио Маяк»? Всех последствий предсказать не берусь. Но то, что она потеряла бы бо́льшую часть своей магии – это точно. Она перестала бы быть Зовом. Ибо большое видится на расстоянии. А если расстояние с препятствиями… В результате просто хорошая музыка, пробиваясь через дырявый занавес, превращалась в несокрушимый заряд света и любви. И если угодно, – бесстрашия.

Знаете, от чего рухнул совок? От страха. Он всегда рушится от страха.

Про злых и добрых

Меня страшно интересует: деление всего живого на добрых и злых – это прерогатива всех детей в мире или все-таки в первую очередь наших, постсоветских? Если наших – тогда это отголоски нашей жуткой отечественной истории (красные – хорошие, белые – плохие, рабочие – добрые, буржуи – злые), если всех – то это следствие взрослых попыток привить детям представление о том, что есть добро и зло.

А откуда еще? Ну а как же? Ужалила ребенка пчела: «Ах, она, пчела, злая-нехорошая!» Заурчала киска на коленках: «Кошечка хорошая, добрая!» А кошечка, прыг – и сожрала мышку.

Мы-то сами как насчет добра и зла? Разбираемся?

Ну, насчет самих себя – безусловно. Помогают нам хорошие, а жить мешают плохие. Это ежу понятно. А в целом? Как спрашивал Петька: «В мировом масштабе?»

Ну, в общем, разбираемся. В рамках морали. Христианской. Не делай другому, чего не хочешь себе. Ну и еще заповеди – то, что помним: не убей, не укради, не возжелай… что там еще?

А в Древней Греции каких-то две с небольшим тысячи лет назад считалось абсолютно нормальным слабого новорожденного ребенка сбросить со скалы всем на благо – и ему, и родителям, и отечеству. Другая мораль.

Вбитое в нас в детстве представление о добрых и злых мы легко переносим на окружающую природу. Действительно – очень просто: олени добрые – волки злые. Злая акула жрет людей, а добрый дельфин их спасает. А лебедь еще и верный, слыхали песню про лебединую верность?

Детское мифотворчество.

Природа не знает добра и зла. И морали – в нашем, человеческом понимании. И акула и дельфин – хищники. Это не хорошо и не плохо. Просто у дельфина морда посимпатичнее. И когда он, играя с тонущим человеком, как с мячиком, случайно толкал его к берегу, мы записывали его в спасатели. А когда толкал от берега (пятьдесят на пятьдесят) – не записывали. В убийцы он все равно не попадал – морда добрая. А ведь кровожадная убийца-касатка – всего лишь большой дельфин. Егеря расскажут вам, что прекрасный белый лебедь – самая поганая (опять-таки с точки зрения человеческой морали!) птица на водоеме: в радиусе двухсот метров от своего гнезда разоряет и уничтожает гнезда всех прочих птиц; согнанная с гнезда, никогда не возвращается к своему будущему потомству (чего о других птицах не скажешь) и в пресловутой верности тоже замечена не была.

Еще раз: лебедь не добрый и не злой. Он живет по законам Природы.

Интересно: навязывая животным нашу мораль, мы при этом отказывали им в наличии разума. А вот разум, как выясняется, есть — во всяком случае оперативная способность мозга многих животных оказалась сильно неизученной и недооцененной.

И вот еще интересно: зачем соловей поет? Жрать хочет? Самочку зовет — да нет, яйца уже в гнезде. Охраняет территорию — от кого? Кого напугаешь такой песней? Только привлечешь. Песня соловья иррациональна. При этом он совершенствует ее, перенимает у соседа новее коленца, старается всю ночь. Может, славит Всевышнего? Это ведь Он создал и соловья, и все сущее? И если Бог создал природу, то, может, она знает о Боге чуть больше, чем мы? Может быть, поэтому она не уничтожает саму себя так, как мы — и себя, и ее?

А мы все — «добрые, злые…»

Шаг

Долгое время я думал, что вот эта способность шагать и отличает человека от прочих животных. Шагают на двух ногах. Крокодил шагать не может. Лошадь может даже идти шагом, но всё-таки не шагать. Совсем недавно понял, что помимо человека на двух ногах отлично шагают птицы. Только они, сволочи, ещё и летают.

Бо́льшая часть моей жизни протекает в гостиницах. Уже забылись пыточные сооружения советского периода. Их объединяла лютая ненависть и тех, кто их строил, и тех, кто в них работал, ко всем, кому приходилось в них останавливаться. Забылся неповторимый запах смеси дуста и горелого масла из кухни ресторана, забылись удивительные дизайнерские решения – телефон и телевизор в гостиной, ванна в прихожей, а кровать почему-то в спальне. Огромный невыключаемый, гудящий, совершенно пустой холодильник, из которого тяжело пахнет покойником. Тюлевые прозрачные занавесочки в городе, где полгода не заходит солнце. Забудьте! Мы семимильными шагами идём в будущее! Умный дом – слышали?

Я вхожу в номер и вставляю карточку в волшебный паз. Раздается тихое жужжание – и шторы плавно расползаются, открывая взору панораму бескрайней незаконченной стройки. Погодите-погодите, я не этого хотел! Молчи. Умный дом лучше знает, что тебе надо.

Минут десять ты ищешь возможность привести в прежнее положение занавески и исправить освещение, которое цветными переливами напоминает тебе то ли тайский СПА, то ли бордель 90-х. Душа взывает к обыкновенному выключателю, но это осталось в другой жизни. Наконец ты находишь в укромном месте панель управления – это деталь из сериала Star Trek, только значительно современнее. Сила, последовательность и продолжительность прикосновений к светящимся кружочкам и квадратикам приводит к изумительным по разнообразию и совершенно непредсказуемым результатам, но добиться того, что тебе нужно – зажечь настольную лампу и погасить всё остальное, – невозможно по определению. Позвать горничную стыдно – я же всё-таки не обезьяна из джунглей. Через полчаса создаю более-менее приемлемую картину, ещё полчаса ищу кнопочки для задвигания штор (рукой не получается) – они, оказывается, спрятались по углам стен и этими самыми раскрывшимися шторами замаскированы навеки. И измученный иду в туалет.

На месте унитаза сверкает и подмигивает цветными лампочками огромное белое яйцо – чудо японской техники. Рядом с ним табличка – «инструкция к унитазу» с двусмысленными картинками и загадочными подписями – «обдув тёплый средний». Очень осторожно присаживаюсь, зажмурив глаза от страха. Унитаз начинает тихо урчать, как разбуженная собака. Господи, пронеси. Проносит. Обречённо жму кнопочку «ON». Машина ещё некоторое время рычит, потом громко щёлкает и умирает. Ура, не работает! Боже, они даже обычный слив забыли убрать! Победа!!!

Завтрак в гостинице для меня – вещь абсолютно функциональная. Ты уже распланировал свой день, рассчитал время и забегаешь туда ровно на десять минут, чтобы проглотить яичницу и выпить кофе. Но у нас тут ресторан. Официанты, измученные воспитанием, плавают неспешно, как корабли, и поймать их взгляд совершенно невозможно. Спасительный шведский стол отсутствует. Через десять минут один из небожителей швартуется рядом со мной и томно интересуется, что мне подать. Мой ответ «яичница и кофе» его оскорбляет – желаете омлет, скрембл, пашот, глазунью? Бекон, свиные либо куриные сосиски, помидоры, сыр, фасоль, грибы, зелень? С диким трудом, глядя на часы, я его останавливаю. Он делает понимающий вид и уходит. Через три минуты вижу его, идущего ко мне. Неужели? Нет, он несёт салфетку и набор вилок и ложек – штук восемь. И ту же уходит, чтобы принести мне стакан воды. Вам со льдом? Я не просил! Он очень старается, правда. Просто они тут живут на какой-то другой планете. Как им кажется.

И тогда я встаю и делаю шаг. И ещё один шаг, и ещё. И выхожу на улицу, и перебегаю дорогу, прямо к двери, из-за которой так хорошо пахнет жареными булочками и кофейными зёрнами.

Про предметы и людей

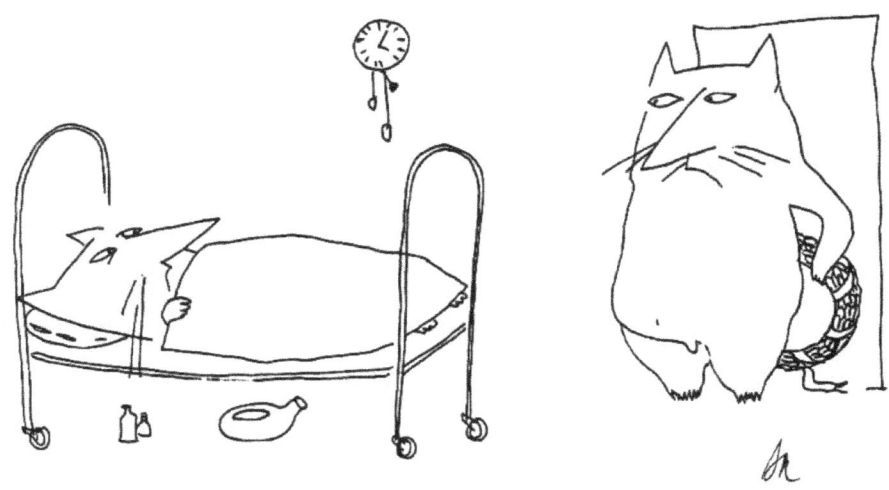

Еще недавно, создавая какой-нибудь предмет, будь то электробритва или автомобиль, человечество не заботилось сроком его жизни. Просто старались сделать как можно лучше и долговечней – с учетом тогдашних технологий. Сегодня выясняется, что самый лучший в мире студийный микрофон – «Пато-Маркони», изготовленный в конце сороковых годов прошлого века, и студии бьются за них. А их осталось-то целых всего несколько штук.

Вот ведь странно – ракеты полетели в космос, нанотехнологии осваиваем, а лучше микрофона с тех пор никто не сделал. По Кубе и сегодня разъезжают американские машины сборки начала пятидесятых – не какой-нибудь элитной ручной сборки – обычные, с конвейера. Это с их-то кубинским климатом – ливни, влажность, океанская соль! Ничего, ездят.

Сегодня японские (да и не только) конструкторы, создавая новую машину, с точностью до дня рассчитывают срок ее жизни. Надо предельно точно знать, когда она развалится и человек придет в магазин за такой же новой. Однажды у меня была подержанная «Хонда». В день, когда ей исполнилось десять лет, она просто рассыпалась на составные части. Думаю, что разработки эти не афишируются – кому охота знать, что в купленный тобой автомобиль уже заложен день его кончины. А без этого невозможно планировать современное производство, а главное – его расширение. Закон рынка. «Покупай новое!» – кричит реклама. Как помочь человеку купить новое? Сломать старое!

В голову лезет сценарий убойного голливудского триллера. Как мы его назовем? Скажем, «Затмение». Главный герой – красавец в годах, какой-нибудь бывший Брюс Уиллис, в прошлом боец секретного спецподразделения, откуда десять лет назад ушел со скандалом, но пару верных друзей сохранил. Борец за правду, проблемы с женой и детьми. И вот он замечает что-то странное. Скажем, у него умирает мать. Мать, конечно, немолодая, но умирает от пустяковой болячки – от насморка. Врачи разводят руками и прячут глаза. Выведенный из состояния покоя герой оглядывается вокруг и видит, что то тут, то там люди пенсионного возраста отправляются на тот свет без видимых причин. С помощью своего старого боевого товарища, заядлого компьютерщика, он взламывает секретный код Министерства здравоохранения, и выясняет, что всем клиникам и домам престарелых в обязательном порядке рекомендован новый поливитамин, разработанный специально для людей пенсионного возраста. С помощью подруги-журналистки (никакого секса – это только чтобы подчеркнуть скандал с женой!) они выходят на загадочную корпорацию. Называется как-нибудь «Солнце жизни», красивый логотип, гигантский зловещий небоскреб в центре Манхэттена, почему-то все засекречено, внутрь их не пускают. Подруга-журналистка с риском для жизни выясняет, что корпорация плотно связана с секретными службами и правительством, и дело там очень нечисто. Время действовать. Герой зовет двух своих боевых товарищей. Один отказывается идти против своей страны. Другой идет (в бою, естественно, погибает, спасая главного героя). Ночное проникновение в небоскреб через гараж, по трубам вентиляции или через крышу – как вам больше нравится, каратэ, перестрелки, охранники в одинаковых черных комбинезонах красиво падают, друг убит, наш герой легко ранен, и вот наконец он врывается в главный кабинет – верхний этаж, стеклянные стены, панорама Нью-Йорка – и застает там главного негодяя, который под дулом пистолета рассказывает ему, что правительством запущена секретная программа по сокращению количества пенсионеров в стране – толку от них все равно никакого, государственных денег они жрут немерено, а тут еще перенаселение и кризис. Финальная драка на фоне восходящего солнца, главный негодяй вылетает в окно, разбивая собой стекло в рапиде, окровавленный Брюс Уиллис спускается вниз и медленно выходит из здания, освещенный косыми рассветными лучами, навстречу целящимся в него полицейским и толпе журналистов. В кулаке у него зажата флэшка со всеми секретными данными, которую он в последний момент вырвал у негодяя изо рта. Навстречу ему бросается рыдающая жена с детьми. Старики спасены. Музыка, песня, титры.

Это в кино.

Чемодан

Чемоданы бывают разные:
Элегантные, безобразные,
Дорогие, недорогие,
Чисто дамские и другие,
Из фанеры, брезента, из кожи и
Вообще ни на что не похожие,
Заменимые, незаменимые...
А бывают – твои любимые!

Это посвящение я написал одному из своих последних чемоданов. Прямо на его же крышке. Толстым белым маркером. Вообще-то, конечно, чтобы его не спутать с чужими, – в век унификации много одинаковых, а мой на ленте сразу видно – вон он едет, родной. Но не только для этого. По-моему, ему было приятно.

Кто-нибудь помнит свой первый чемодан? По своим чемоданам я могу восстановить историю собственной жизни. В пионерлагерь я поехал со своим первым чемоданом – кажется, его для этого и купили: из серо-белой рябой клеёнки, на молнии, с чёрной пластмассовой ручкой – последний писк! Рядом с ручкой наклеили бумажку – «А. Макаревич, ст. гр.». Пара предыдущих семейных чемоданов были ещё, видимо, бабушкиными-дедушкиными – фибровые, непонятного цвета, с двумя металлическими неработающими замками и оклеенные изнутри чёрт знает чем. В общем, они уже тогда казались старинными. Роскошный чемодан был у папы — он с ним раз в два года выезжал в загранкомандировки: он был большой, картонный, наглого оранжевого цвета, с хромированными уголками и весь облепленный яркими липучками с эмблемами иностранных отелей. Думаю, липучки эти лежали прямо в холлах этих отелей — мода была такая. Папа уверял, что он заклеивает ими царапины на чемодане, но я-то знал, что это не так: папа награждал чемодан орденами и медалями за отличную службу. Сколько лет он ездил в командировки, и всё с этим чемоданом, другого я не помню. А вы говорите — картон. Собирая папу в дорогу, мама укладывала в чемодан тушенку, бычки в томате, чай, кипятильник, эмалированную кружку — из денег советским работникам полагались только суточные, а надо же было всем купить подарки! Однажды в Америке или в Канаде кипятильник у папы коротнул, и во всем Хилтоне погас свет. Изумленные иностранные монтёры так и не поняли, что произошло, — папа успел спрятать советский прибор. Во жизнь была!

Довольно скоро школа закончилась, учась в институте я не так уж много и ездил, а если и путешествовал — то с зелёным брезентовым рюкзаком. А с 1979 года «Машину времени» вдруг пустили на гастроли — и вопрос функционального, надёжного и приятного во всех отношениях чемодана встал ребром. Время шагнуло вперед — я купил (на свои деньги!) невероятно модный чемодан из чёрного сверкающего пластика, зализанной космической формы, с роскошной скобой матового металла по всему периметру и утопленными в эту скобу замками. Отечественный, между прочим! Слушайте, я недавно был в музее Джимми Хендрикса в Сиэттле — он ездил с таким же, только, наверно, американским! Нет, ну получалось у наших иногда!

На гастролях проходила бо́льшая часть жизни, и умение правильно обращаться с чемоданом точилось от года к году. Это сегодня группа приезжает в город с одним выступлением, а тогда заселялись в среднем на неделю – это четырнадцать концертов, а потом ещё на шесть – в соседний город. Гостиницы отличались крайним недружелюбием по отношению к тем, кто в них останавливался, о каких-то услугах типа стирки или заказа перекусить в номер ещё и слыхом не слыхивали. В одиннадцать часов, когда мы возвращались в гостиницу после двух концертов, возбужденные, голодные и готовые на всё, в ней как раз окончательно замирала жизнь – буфет и ресторан закрыты, и только дежурная на этаже строго следит за уровнем шума и наличием посторонних дам в вашей камере. Как же мы весело жили в этих приближённых к боевым условиях!

Так вот. Чемодан становился для тебя частью далёкого дома, и от того, как он сложен и что в нём лежит, напрямую зависели две недели твоей жизни. Я дошёл до совершенства. Сегодня я точно знаю, сколько и чего мне понадобится на предполагаемый отрезок жизни, и главное – что мне не понадобится. Чемодан – квинтэссенция необходимого и достаточного. Предмет моей особой любви – маленькие дезодоранты, одеколончики, пена для бритья и прочие косметические радости – каждый сантиметр в чемодане имеет значение. Есть у меня пара друзей, чемоданы которым собирают жены, – я сознательно обхожу в разговорах с ними эту тему, так как не хочу их потерять. Но вообще, это, конечно, чёрт знает что такое: укладка чемодана – интимнейший процесс, какие жены?

Я приземлился в Дублине под вечер – мы с клубом Михаила Кожухова затеяли маленькое путешествие по Ирландии. Свой любимый четырехдневный чемодан (у меня в парке чемоданы 1–4, 5–10, 11–20, далее специальные) – так вот, любимый крохотный полосатый чемоданчик я почему-то в этот раз сдал в багаж – очень уж много напридумывали правил безопасности, обязательно придерутся к какому-нибудь флакончику или баллончику, и придётся унижаться, доказывать, а то и расстаться с предметом. В Москве уже началось лето, я прилетел в маечке, тёплые вещи лежали в чемодане. Я даже не понял сначала, что произошло, когда опустевшая лента транспортера остановилась. Мой верный чемоданчик не прилетел. Он потерялся.

Мне трудно описать, какая печаль и беспокойство на меня вдруг нахлынули. Я напрасно убеждал себя, что мы не в пустыне, и сейчас в ближайшем дешёвом магазине я за десять минут куплю всё необходимое, и что двенадцать градусов – не такой уж смертельный холод, чтобы не добежать до машины, и что моя привычка слишком уж одушевлять любимые предметы выглядит глупо, а чемоданчик завтра найдётся, – ничего не помогало: я ждал близкого друга, а с ним что-то случилось. Что с ним, где он сейчас? А ведь я летел через Париж! Ну конечно, он потерялся в Париже! Неужели он сейчас один в огромном бестолковом ангаре аэропорта Шарль-де-Голль?

Конечно, сила воли и логика взяли верх. Мы заехали в копеечный магазин Penny's, где я за восемь евро купил отличную куртку, зубную щетку и бритву. А мой чемоданчик на следующее утро торжественно привезли в отель на отдельном лимузине, как важную персону. И всё-таки слёзы счастья выступили у меня на глазах, и мы пошли с ним в бар, и я выпил за его здоровье.

Скажете, я псих?

Памятник

Как вы полагаете – кому человечество давно должно поставить памятник? В первую очередь? Нет, ни Богу, ни царю, ни полководцу, ни писателю, ни художнику, хотя каждый из них, безусловно, заслуживает памяти. Это будет памятник обыкновенному пожилому человеку. «В возрасте дожития», как это чудесно называет наша медицина.

В определенный момент этот человек замечает, что его родное, единственное и ещё вчера такое послушное тело больше не такое послушное. Человек понимает, какое счастье было его не замечать, и ещё понимает, что счастье это покинуло его навсегда. Отныне он внутри машины, которая с каждым днём всё настойчивее требует капремонта, на ближайших станциях техобслуживания очереди, причём бессмысленные, так как запчастей нет и не будет, да и мастера подразбежались. За кордоном есть и мастера, и некоторые детали, но цены такие, что в случае с машиной вы бы уже плюнули и купили новую. С телом это, увы, не проходит. Вы читаете про революцию в науке, про выращенные из стволовых клеток органы, суставы и целые конечности и отчётливо сознаёте, что эти чудо-технологии станут достоянием широких масс аккурат на следующий день после ваших поминок. Загибающийся автомобиль сообщает вам о своих проблемах стуками, хрипами, мигающими лампочками. Тело беседует с вами с помощью боли. Оно становится в этом плане таким изобретательным и разнообразным, что порой вызывает искреннее восхищение. И вы с этой сволочью один на один. Жаловаться бессмысленно – у детей вы будете вызывать раздражение: они просто не поймут, о чем вы, у них сейчас совсем другие проблемы. Если вы поддерживаете детей деньгами, раздражение они постараются спрятать. На время. Не все это умеют. Жаловаться товарищу своего возраста тоже глупо – у него-то как раз те же проблемы, и вы в одинаковом положении. К тому же товарищей этих вокруг вас становится меньше и меньше. И не дай бог пожаловаться человеку старше тебя: он тут же намекнет на разницу в возрасте и мягко объяснит, что по сравнению с ним вы ещё в самом начале этого интересного пути. Можно жаловаться врачам, но мы выяснили, что это как минимум дорого.

А голова? Этот твой домик, внутри которого ты, как тебе казалось, не стареешь и привычно командуешь телом? Долгое время действительно так и было, и вот кончилось: ты по привычке приказываешь себе легко выпорхнуть из машины (она у тебя всё ещё молодежная, спортивная), а тело нескладно выкарабкивается, медленно перенося вес на ногу, которая, естественно, болит. И это ещё не основные сюрпризы: то, что ты стал хуже видеть, ещё бог с ним: ты купил красивые очки, и они тебе даже идут. Со слухом сложнее: красивых, как очки, слуховых аппаратов почему-то нет, и тебе кажется, что все окружающие с брезгливым любопытством заглядывают тебе в уши, которые заткнуты чем-то вроде кусочков пластилина. А без этих затычек ты либо просишь повторить каждую обращенную к тебе фразу дважды, либо сидишь в компании, глупо улыбаясь и делая вид, что слушаешь собеседника, пока не замечаешь, что он уже давно задаёт тебе какой-то вопрос, а ты продолжаешь благожелательно кивать.

Память начинает вытворять чудеса: услужливо вынимая из прошлого совершенно ненужные тебе фрагменты (причём украшенные микроскопическими деталями), она наотрез отказывается работать в коротком бытовом диапазоне, и скоро твой ежедневный выход из дома разбивается на несколько фаз: вышел – вернулся за очками – вышел – вернулся за телефоном – искал телефон, пока он не зазвонил – вышел – вернулся за ключами от машины. Самое ужасное то, что ты начинаешь к этому привыкать. Человек быстро привыкает к хорошему.

Ты перестаешь наряжаться. Потому что дизайнеры всего мира шьют для молодых. И на молодых. И ты понимаешь (хорошо, если понимаешь), что узенькие джинсики с нечеловечески низким поясом будут отлично сидеть вот на том длинном, худом, молодом настолько, что он ещё и с ориентацией-то не до конца определился, а твое брюшко повисает над этими джинсиками на манер второго подбородка, с которым у тебя, кстати, тоже проблемы. Можно, конечно, поискать одежду более взрослую, но она подаст тебя именно тем, кем ты стал так недавно – пожилым, слегка склонным к полноте человеком, и тебе отчаянно не захочется выглядеть самим собой. Результаты этих мучений известны: либо плюём на всё, донашиваем старое (если влезаем), либо последний отчаянный рывок в мир иллюзий – подкрашенные волосы, совершенно бессмысленные походы в спортзал, диеты, начинающиеся каждое утро и заканчивающиеся каждый вечер, посильное втягивание живота при приближении объекта женского пола (памяти и тут хватает минуты на полторы – потом следует неконтролируемый выдох).

В общем, жизнь ваша наполняется совершенно новыми смыслами. И если вы держите эту безостановочную серию ударов, отлично понимая, что победы не будет и задача в том, чтобы красиво проиграть, если вы не потеряли способности улыбаться, шутить и иногда даже нравиться женщинам – вы настоящий герой. И заслуживаете поклонения и памятника.

Вы думаете, я это всё о себе? Да прям. Я только приближаюсь к старту. И иногда ещё наряжаюсь. Как идиот.

С нами что-то происходит

С нами со всеми что-то происходит. Что-то очень плохое. Настолько плохое, что мне иногда хочется, чтобы получилось, как в американском фильме. Когда совсем уже плохое все-таки произошло, те, кто выжили, наконец-то вдруг прозрели и стали жить как надо. Сразу после этого, как правило, идут титры.

Он все время выезжает на перекресток. Пробка и без того жуткая, и видно, что впереди все равно все замерло – нет, он выезжает на середину перекрестка на желтый свет, и встает, и наглухо перекрывает движение слева направо, и знаете, какое у него при этом выражение лица? «Да пошли вы все. Вы что, не видите, что я еду?» Впрочем, вы наблюдали.

Скажите, что его вылечит?

Я не верю в чудо. При этом я знаю, что чудеса иногда происходят. Забавно, правда?

Представьте себе, что завтра всерьез затопит Лондон или Амстердам. Ну не такие же мы идиоты, чтобы предположить, что мировые магнаты тормознут свой промышленный бизнес из-за какого-то парникового эффекта. Так вот – затопит. И конечно, найдется энное количество людей, которые будут совершенно искренне переживать, и даже соберут денег на постройку бесполезной дамбы и спасение сохранившихся шедевров мировой культуры. А все остальные – и их будет в сто раз больше – вздохнут с облегчением. Во-первых, Лондон, а не родной Урюпинск. А во-вторых: Амстердам – гнездилище разврата (есть такое слово «гнездилище»? Сюда очень подходит). А Лондон – вообще: чего они там о себе возомнили? Ну и правильно, что затопило.

Ребята, я не сгущаю краски.

Сегодня уже известно, что каждому живому существу, будь то крыса или человек, необходимо минимальное индивидуальное пространство вокруг себя самого, в которое без спроса не вторгается другое живое существо. Буквально несколько десятков сантиметров вокруг себя самого – капсула такая или аура, как хочешь назови. И если в нее насильно вторгаются – в любой давке, например – то существо впадает в стресс, болеет и вообще делается неадекватным.

Может, из-за этого?

Новый президент Эквадора первым делом снял статус заповедника с Галапагосских островов. Это был один из последних заповедников в мире, хранивших жизнь Океана. Да нет, конечно не спас бы он эту жизнь в любом случае, вы что, с ума сошли? Так, продлил бы лет на пятнадцать-двадцать. А теперь китайские браконьеры (нет-нет – теперь уже законные рыбаки!) уничтожат все живое, и в первую очередь акул – самых древних и самых красивых обитателей океана – года за два. Насовсем.

Два года или пятнадцать – велика ли разница?

Я написал письмо этому президенту. Написал и отправил, чувствуя себя полным идиотом. Даже не Дон Кихотом, бьющимся с мельницей, а блохой, пытающейся укусить самолет.

Ребята, я совсем не романтик. Я очень трезвый и практически мыслящий человек. И все-таки. Может, что-то произойдет?

Какое-нибудь чудо?

Компромисс

Все без исключения мужчины (о женщинах судить не берусь) полагают себя абсолютно бескомпромиссными созданиями. Это льстит их самолюбию: бескомпромиссность – это твёрдость характера, мужественность, верность идеалам. Человек, склонный к компромиссам, – бесхребетный конформист. Между тем картина эта бесконечно далека от реальности. Вот что я скажу вам, милостивые государи: в жизни любого человека имеют место только два бескомпромиссных поступка – его рождение и его смерть. Нельзя наполовину родиться или немножко умереть: вот ты пришёл и вот ушёл. Всё же остальное, расположенное между двумя этими событиями, – один нескончаемый компромисс сосуществования с окружающим вас миром. Этот компромисс состоит из тысяч мелких и крупных компромиссов, бо́льшую часть которых мы даже не замечаем. Не верите? Поехали.

Утром вас вырывает из сна будильник. В принципе он будит вас как раз к тому моменту, когда можно не спеша встать, принять душ, позавтракать и отправиться по делам, всё давно посчитано. Но страшно не хочется выбираться из постели, за окном дождь. И вы решаете поваляться еще минут восемь – сэкономим время на всём остальном. Ну ладно, шесть. Пять. Что это, по-вашему? На завтрак полагается йогурт и овсянка – доктор настоятельно рекомендовал, у вас хронический гастрит, но вдруг очень захотелось глазунью. С помидорами. И беконьчиком. Ну ладно – не три яйца, два. И выберем те, что помельче. И масла совсем чуть-чуть. И без хлеба. Ну ладно, корочку. И только сегодня. А?

На службе вам предстоит разговор с шефом. Причём малоприятный. И нужно это вам, а не ему. И вам сложно будет его убедить в вашей правоте – аргументы типа «а ведь я предупреждал» в беседе с начальством недопустимы в принципе. И вы отлично понимаете, что оттягивать этот разговор убийственно – дальше будет только хуже. Но вы стоите в пробке, и этот мерзкий дождь, и от этого всё предстоящее вам противно вдвойне… Может, всё-таки завтра? А может, вообще попробовать по телефону?

Любопытно, что вся эта нескончаемая канитель конформизма опутывает мужчин только на той территории, где они что-то должны. Пространства, где они что-то хотят, подчинены совсем другим, прямо противоположным законам. Почти все мои друзья после пятидесяти, не сговариваясь, что-нибудь себе сломали – кто руку, кто ногу. Кто на лыжах, кто играя в футбол. Многие неоднократно. Нежелание смириться с тем, что тело твоё и кости уже не такие, какими были двадцать лет назад, приводит к абсурдным и опасным решениям. И я напрасно твержу седеющему дяденьке: не соревнуйся с собой тридцатилетним, сойди с дорожки: тебе его не догнать, былые твои зрители давно покинули стадион, а те немногочисленные, что пришли им на смену, любят тебя за другое. Какое там! На меня смотрят с сожалением, как на слизняка. Никаких компромиссов!

За окном 1981 год. Я понуро сижу в кабинете главного литературного редактора «Мосфильма». Главного редактора зовут Нина Николаевна, у неё грустный мудрый взгляд и тихий голос. Андрюшенька, говорит она, вы же сами всё прекрасно понимаете. Картина и так висит на волоске, это вообще удивительно, что вашу «Машину времени» утвердили. А сейчас от нас с вами требуют мелочь — исправить три слова в текстах. Смотрите, вот тут надо заменить слово «бог», вот тут — слово «тюрьма» и вот тут — «то, что слева, и то, что справа». И всё! Вы же прекрасно пишете, вы это сделаете так, что и смысл не уйдёт, и хуже не станет. Вы, конечно, вправе упереться — картину положат на полку, вы подведёте режиссёра, сценариста, артистов, съёмочную группу, всех, кто потратил год своей жизни на этот фильм. И всё из-за трёх слов. Решайте.

Мне невероятно, непередаваемо плохо. Моему ребёнку требуют отрезать здоровый палец и изготовить протез, который должен быть не хуже. А так не бывает. Но я действительно не могу подвести Сашу Стефановича, Володю Климова, Мишу Боярского, Софию Михайловну, Ролана Быкова и всех-всех. Это только так говорится, что выбор есть всегда. Не всегда. И я иду править тексты.

Удивительное дело — прошло тридцать семь лет, и фильм-то уже никто не помнит, и много раз после этого мне приходилось бодаться с редакторами, а этот эпизод помню, как будто всё было вчера. И мне опять становится нехорошо.

И ничего не могу с собой поделать.

Я боюсь хамства

Я боюсь хамства. Потому что если тебя обхамили, ты в любом случае в проигрыше. Не ответил хаму – значит, утерся, а ответил – опустился до его скотского уровня. Ситуация безвыходная. Хотя, если хамит человек, выход все-таки есть. Дать в морду, например.

А если хамит окружающая среда? В восемьдесят шестом году я впервые в жизни с какой-то делегацией выехал в капстрану – Грецию. У нас тогда еще понятия не имели о наружной рекламе (как и о любой другой) и художественное оформление столицы состояло из лозунгов «Слава КПСС!», «Коммунизм неизбежен!» и, на худой конец, «Мир, труд, май!» В Афинах я впервые в жизни увидел буйство наружной рекламы. Я ходил, зачарованный – как красиво! «Никог-да, – думал я, – никогда у нас не будет такого!»

Как я ошибался!

И ведь воистину – ко всему человек, подлец, привыкает. И быстро-то как! Ходим и уже не замечаем, что там для нас написали и нарисовали, истратив на это бешеные деньги. Устали. Защищаемся.

А дети, например, нет. Я недавно с изумлением слушал, как трое пятилетних общались между собой, используя исключительно слоганы телерекламы. Эту беспомощно-хамскую пародию на молодежный сленг – врубайся по-быстрому, оторвись по-черному… Дивное русское слово – «Сникерсни»!

Люди! Конечно, язык – живая вещь. Конечно, он постоянно меняется – хотим мы этого или нет. Конечно, глупо требовать, чтобы мы говорили как сто лет назад и галоши называли мокроступами. Но зачем же его настолько сознательно уродовать? Причем благодаря количеству ежедневных повторений вся эта помойка входит в детские головы как гвоздь в масло. А у нас на ушах нарастает бегемотья шкура – спасаться.

Мне очень хочется поговорить с этими хорошо одетыми молодыми людьми, за большие деньги придумывающими для нас этот нечеловеческий язык. Спросить: «За что?». В глаза посмотреть, на худой конец.

А вы не заметили, с какого момента реклама перестала обращаться к вам на «вы» и начала беспардонно тыкать? Недавно. «Как?! Ты еще там? Они уже здесь!» Так, видимо, доверительней.

Вижу у дороги большой рекламный щит какой-то стоматологической клиники (они у нас все в один день вдруг стали называться американскими, французскими, немецкими) и читаю: «Немцы предельно внимательны». «Стоп, – говорю я себе, – это же привет от доктора Геббельса!» То есть немцы предельно внимательны. А французы, наоборот, нет. А русские еще и туповаты. Ребята, вы что, с ума сошли?

А как вам сеть ресторанов восточной кухни под общим названием «Япошка»? На очереди армянские рестораны «Армяшка» и ресторан кошерной кухни «Жиденок». Что с вами, господа?

Ничего, ходим. Не вникаем.

Хаваем.

А мне, дураку, казалось, что оскорбление нации – подсудное дело.

А как трогательны провинциальные попытки соответствовать духу времени! Вы не увидите в маленьком городе магазин с вывеской, скажем, «Электроника». Нет! Это непременно будет «Мир электроники». Так сейчас надо. «Планета колготок», «Вселенная лифчиков»! И под этим – замурзанный ларек.

Ну и напоследок – шедевр: «Секонд хенд – новая коллекция».

Весь день ходил счастливый.

Маленький гимн метро

Еду в машине, стиснув зубы, слушаю очередной рекламный шедевр — какой-то хлюст приторно-элитным голосом вещает про экстрамодные очки стоимостью с автомобиль: «Наш адрес — "Суперхаус" в Барвихе!». И — с издевочкой: «Метро там, к сожалению, нет». Дескать — не для вас, чумазых. Убил бы хама.

В детстве я обожал метро — настоящее подземное царство! И там еще ездят поезда! Стоишь у края платформы, а из черной пещеры тоннеля сначала дует теплый ветер, потом загораются в глубине два глаза, они несутся на тебя, и вот — с восхитительным звуком — поезд! Шипит, останавливается. Поезда немножко похожи на игрушечные, потому что чуть меньше настоящих — скучных и зеленых. Изнутри они такого волшебного желто-блестящего цвета (да еще с какими-то елочками!), что кажется, их покрасили гоголь-моголем и он еще не застыл — хочется лизнуть. Два ряда хромированных стоек: возьмешься рукой, отпустишь, и, как на зеркале, медленно тает матовый след. А можно прислониться лбом к дверному стеклу (хотя на нем как раз написано «Не прислоняться!») и смотреть в пролетающую темноту — там, оказывается, не совсем черно, а видны стены тоннеля, то плоские, то покатые, и бесконечные кабели, а то вдруг откроется второй путь и по нему пронесется встречный сверкающий поезд – так быстро и близко, что твой вагон качнет упругим вихрем. А еще иногда видны совсем уже загадочные уходящие во тьму пространства – лесенки, дверцы с непонятными надписями, и ясно, что за ними живут какие-то таинственные секретные люди. Это же с ума сойти!

А чтобы попасть в это подземное царство, надо было купить в кассе с полукруглым окошечком билет – один или целую книжечку. Билет стоит пять копеек, а книжечка – пятьдесят. Билет на тонкой хрустящей желтой бумаге, на нем мелким черным шрифтом какие-то глупости и цифры, посередине – большая красная буква «М» и внизу – красная сеточка с надписью «Контроль». Этот контроль при входе отрывает тетенька в кителе и красном берете – прямо как в кино! Интересно, сохранился у кого-нибудь такой билетик – хоть один? Уже потом, когда я учился в школе, в метро поставили чудо техники – автоматы, все в полированном дереве, как серванты. Проход стоил пятачок. А выменять их можно было в другом автомате – железном и сером, он висел на стене. Бросаешь гривенник – с грохотом вылетают два пятачка. Мы почти в космосе!

Сколько раз я спускался в метро? Десять тысяч раз? Или двадцать? И как же давно это было!

Недавно я ехал на съемку и страшно опаздывал. Москва безнадежно стояла. И тогда я бросил машину практически посреди Таганской площади и кинулся в метро. Входя в стеклянные двери, заробел – даже не знаю, сколько сегодня стоит вход и как платить! Вроде как решил неожиданно зайти к человеку, которого не видел сто лет, – вспомнит ли, узнаю ли? Ничего – подсмотрел, разобрался.

Внизу ничего не изменилось. Ну, почти. Очень боялся, что на меня набросятся с автографами – ничего подобного: видимо, мой образ не проецировался на образ пассажира метро – не узнавали. Только вдруг подошел уже в вагоне один знакомый (бизнесмен, между прочим!) и, совершенно не удивившись, продолжил беседу, которую мы с ним вчера прервали по телефону. Ни фига себе! Доехал за десять минут.

А вы? «Метро там, к сожалению, нет…» Ну и плохо, что нет!

Снег

— Ты что, правда, никогда в жизни не видела снега? Сколько тебе лет?

— Девятнадцать. И думаю, что и не увижу. Я не собираюсь в вашу Сибирь. Я круглый год в шортах. Ну ладно, расскажи – он какой?

— Снег? Он… ну, вообще он сделан из замёрзшей воды.

— Как лёд в баре?

— Да нет… Смотри: лёд в стакане твёрдый и прозрачный. Это вода, которая замерзает на земле, этот лёд покрывает собой реки, озера… А снег – вода, которая замерзла на небе, на облаках, и в день прихода зимы она опускается оттуда медленно, легко и беззвучно, как лебяжий пух, и вот этим пухом укрыта вся земля, а ты в эту ночь особенно глубоко спишь, и тебе обязательно снится добрый и хороший сон, и утром открываешь глаза, и ещё не выглянул в окно, а уже знаешь – снег. В окне другой свет.

— Он у вас светится, что ли?

— Да нет, не светится, конечно, но он такой невероятно белый, что собирает и отражает свет со всего пространства, и мир делается светлей и чище.

— То есть в барах всего мира из воды получается один и тот же лёд, а у вас в небесах из той же воды что-то совсем другое? Знаешь, я однажды в жизни летела в самолете, и там вокруг были облака, а в стакане принесли тот же долбаный лёд. Ты не гонишь?

— Да послушай! Когда ты видишь этот воздушный, нетоптанный, невозможно белый ковёр, с тобой случается радость, и ты улыбаешься. А дети бегут на улицу играть в снежки.

— В снежки? Snowies?

— Нет, это скорее будет snowballs. В общем, дети лепят из снега такие мячики…

— Лепят? Он что, липкий, как глина? Ты только что говорил, что он лёгкий и пушистый!

— Ну да, он… в общем, пока он лежит, он лёгкий и пушистый, но если взять его в руки и сжать, он превратится в довольно плотный снежный мячик, и им можно кидаться!

— Кидаться? Зачем?

— Для радости!

— А летом вы, видимо, просто водой брызгаетесь?

— Нет, почему?

— Ну, если вы испытываете радость от кидания друг в друга мёрзлой водой в зимнее время…

— Да ты просто не понимаешь, как это весело! А ещё можно слепить снежную бабу!

— Бабу? Ну-ка, ну-ка…

— Сначала ты кладёшь снежок на снег и начинаешь его осторожно катить. И он обрастает снегом и становится больше, больше, пока не превращается в огромный шар. Потом делаешь второй шар, поменьше, и ставишь его на первый, а сверху — третий, самый маленький, — это голова. На голову — ведро, вместо глаз — угольки, вместо носа — морковка! Вот и баба!

— Значит, три шара, один на другом, ведро на голове и морковь, изображающая нос? Хорошие у вас бабы! Все такие? И не одна не подала в суд?

— Да прекрати! Это же смешная вещь! А знаешь, сколько оттенков снега видит эскимос? Сто! Сто оттенков белого! Я не эскимос, но тоже вижу, как снег меняет свой цвет — под ярким солнцем он голубой, на закате — розовый и даже фиолетовый, к концу зимы становится серым, а в нашем городе бывает ещё желтым от химического комбината! А знаешь, что когда поднимается мороз (хотя правильнее было бы сказать «мороз падает» — ведь температура опускается!), снежные поля сверкают россыпями хрусталя под солнцем, и даже в воздухе рассеяна еле заметная бриллиантовая пыль? А снег в такую погоду скрипит под ногами, как новое кожаное седло?

— Послушай, ты явно что-то куришь. Я бы напросилась попробовать, но это что-то слишком забористое. Я думала, мы разговариваем серьёзно. Спасибо за мохито. Девочки, побежали к морю!

Честь

Рано утром мне позвонил Лева Гущин. Служил он тогда главным редактором «МК» (тогда еще, кажется, «Московского Комсомольца»), был моим старшим товарищем и периодически получал по голове за только что появившиеся в газете хит-парады, это была новая игрушка в нашей стране, и музыканты и фаны музыкантов ждали их выхода с нетерпением и трепетом. «Машина времени» там соседствовала с Валерием Леонтьевым и группой «Аквариум». Престарелая советская власть не любила всех трех одинаково – смешно, правда? Вот Лева и получал.

Голос у Левы был встревоженный. Он сказал, что в «Комсомольской правде» вышла скверная статья и надо думать, что делать. Я побежал на улицу за газетой. Ах да! Дорогие юные читатели! Интернета, как и компьютеров, его транслирующих, в природе еще не наблюдалось, и новости распространялись через радиоточку (FM тоже еще не родился), три, кажется, канала телевидения и главное – через газеты. «Советская печать – не только коллективный вдохновитель и агитатор, но и организатор», – Ленин сказал. Не хухры-мухры. В этой связи вишневого цвета киоски Союзпечати располагались в городе повсеместно. Утром к ним выстраивались очереди.

Статья оказалась мерзкой – надергали невпопад строчек из песен (половину из «Воскресенья»), снабдили положенными эпитетами («опасные инъекции сомнительных идей», «ноют о придуманной жизни» – это примерно как сегодня «русофобы» и «пятая колонна», привели в пример «страстные монологи Высоцкого», которого они сами гнобили два года назад и довели до могилы. Подписала этот донос группа никому не известных деятелей культуры, но возглавлял ее тяжеловес – Виктор Астафьев, писатель, книги которого я очень любил. Вот те и раз.

На следующий день в Росконцерте, где мы уже работали, срочно созвали худсовет с представителями министерства культуры – на такой сигнал следовало реагировать немедленно, ЦК ВЛКСМ это почти ЦК КПСС, там шутить не любят. Ах да! Дорогие юные читатели! Это сегодня, прочитав в Сети «ты козел», можешь немедленно ответить «сам козел», и оба получите удовольствие. А в давние времена полагалось не огрызаться, а, наоборот, тотчас принимать меры в соответствии с указаниями. Это называлось «сигнал был услышан». И согласно уровню и тону сигнала указанный ансамбль следовало в срочном порядке расформировать и об исполнении доложить. И расформировали бы, не сомневайтесь – и не таких разгоняли. Нас сняли с маршрута, отменили дальнейшие гастроли, выдали белые рубахи для расстрела. Наутро обещали священника. Но – случилось чудо. В редакцию «Комсомольской правды» повалили письма. Сотни тысяч писем. От отдельных людей, школьных классов, научных лабораторий и целых воинских частей. Возмущенные письма с требованием восстановить справедливость. Эти письма складывали в мешки, жгли во дворе редакции, но количество их не уменьшалось. И оплот идеологии дрогнул. Ах да!

Дорогие юные читатели! Это сегодня ваше письмо власть не заметит. А если их будет много, скорее всего решит, что это происки Госдепа. А в те давние времена письма трудящихся приходилось замечать. И даже как-то на них реагировать. Поэтому расстрел заменили на бессрочный отпуск за свой счет. А газета уже через две недели выдала целую страницу игривой полемики – дескать, вот какие разные у нас, оказывается, читатели, кто-то, конечно, согласен со статьей, а кто-то и нет, их, разумеется, меньше, но хотите – почитайте их письма сами. Давайте спорить. Мы не могли поверить – на наших глазах происходило чудо, и это чудо никак не вписывалось в правила советской жизни: уж если за кого брались, то добивали. Примеров было достаточно.

Одно письмо написал двадцатишестилетний экономист Анатолий Чубайс. Оно сохранилось, он подарил мне его не так давно. Написал не в газету, а прямо Виктору Астафьеву, где на четырех страницах, приводя строки из наших песен, доказывал, в чем неправы и где откровенно врут авторы статьи. И Астафьев ему ответил! Ответ меня поразил. Цитирую фрагмент: «Наверное, мне не стоило подписывать письмо против этих машин, сидящих в виде моли на пиджаках чужого покроя, украшенных орнаментами с берегов мертвого озера…» О как.

На самом деле не слышал, конечно, Астафьев ни наших песен, ни о «Машине времени» вообще – нашептали ему комсомольцы о еврейчиках, поющих с чужого голоса – он и подписал. О чем жалел впоследствии. И даже рекомендовал мои стихи в один литературный журнал – я и не просил.

Теперь о чести. Вы думаете, это я про то, как с помощью сотен тысяч поклонников «Машина» смогла отстоять свою честь? Нет. Я про честь каждого, написавшего письмо в нашу защиту. Ибо именно честь не позволяет человеку стоять в стороне, если кого-то бьют не по делу. Честь вообще неудобная вещь. Сродни совести. С честью долго не живут. Сравните — Молотов, Каганович. А с другой стороны — Пушкин, Лермонтов. Всего-то отсутствие или наличие этого странного качества.

Интересно бы было в сегодняшней школе задать сочинение на тему «Честь — что это такое». Боюсь, не ответят. Не поднимут тему. Зато легко объяснят, что означает выражение «Ничего личного». Даже я могу объяснить. Это означает — ты мне настолько безразличен, что мне и в голову не приходило тебя оскорбить или унизить — просто обманул и всё. Или ограбил. Или убил. Чисто бизнес.

Недавно листал удивительную книгу — «Дуэльный кодекс», издание 1912 года (не первое — четвертое! Притом что дуэли запрещены), по толщине приближается к уголовному кодексу России. Серьезнейший свод законов и правил — степень нанесенного оскорбления (их, если интересно, три), степень ответственности в зависимости от тяжести этого оскорбления — что можно разрешить извинением, что — нет, правила вызова на дуэль, выбор оружия, условия проведения дуэли… Всё ради спасения чести. Опасное, дорогое удовольствие — честь.

Многие думают — случилась у Пушкина дуэль, его на ней и убили. А было у Пушкина за его молодую жизнь двадцать шесть дуэлей — нормально? На последней не повезло. И всё личное.

Ничего личного, говорите?

Сегодня самый лучший день

Сегодня, без сомнения, ожидался очень необычный день. Может быть, даже великий день – день явления человечеству нового суперсмартфона же-пять апельсинового цвета. Всему миру. Ровно в полдень. С учетом часовых поясов, разумеется. Егор проснулся оттого, что жена вертелась перед зеркалом. Она уже два дня назад через каких-то всесильных знакомых завладела волшебным предметом (Егор подозревал, что не вполне настоящим – серые поставки, китайское изготовление, кустарная прошивка). Же-пять в нем не функционировало, но так как никто не мог объяснить, что такое же-пять и чем оно отличается от же-четыре, которое тоже не работало, – большого значения это не имело. Зато он был заветного апельсинового цвета и к нему прилагалось множество статусных аксессуаров: оранжевый пояс, летние туфельки, браслетик, а также пристежечка к сумке, прищелочка к карману и прилипочка к торпеде автомобиля, – все оранжевое. Жена вздыхала перед зеркалом, и было совершенно ясно, что страдания ее вызваны невозможностью немедленного ввода в эксплуатацию всего набора единовременно. Егор с неожиданной тоской подумал, что они живут вместе уже шесть лет, а он ее, оказывается, почти не знает.

Вчера он честно пытался у нее выяснить, чем отличается новая игрушка от предыдущей – же-четыре лазоревого цвета, презентация которой с помпой прокатилась по планете ровно полгода назад. Разговора не получилось.

По радио вовсю шло обсуждение нового события – ведущий беседовал с представителем всемирной торговой компании, ненатурально ахал, выказывая восхищение, и вообще было очень слышно, кто тут главный и кто кому платит. В подхохатываньях известного ведущего и барской снисходительности гостя было что-то неизъяснимо тошнотворное. Егора замутило. Он одним глотком допил кофе и вышел на улицу.

Ярко светило оранжевое солнце. Весь фасад дома напротив покрывало гигантское полотно – зачарованная блондинка прижимала к ушку размером с автомобиль предмет своего счастья – новый оранжевый суперсмартфон же-пять, а чуть ниже горела надпись: «Твой восторг превратил его в чудо». Егор остановился и внимательно прочитал надпись еще раз. Ничего не изменилось. Он попробовал представить себе могучую группу копирайтеров высшего сословия, общими усилиями высекающих этот словесный шедевр, – и не смог. Мир утекал между пальцев, смеялся над ним.

Прямо под плакатом, у входа в магазин «Мир смартфонов» выстроилась огромная очередь. До мирового старта, до шага человечества в новое прекрасное оставалось еще минут сорок. За порядком в очереди следили работники магазина в оранжевых рубашках и работницы в оранжевых косыночках – впрочем, очередь, сознавая историческую значимость момента, вела себя неожиданно достойно. Откуда-то сверху – возможно, с неба – негромко лилась старая милая детская песенка: «Оранжевое небо, оранжевое море…» Вдоль очереди

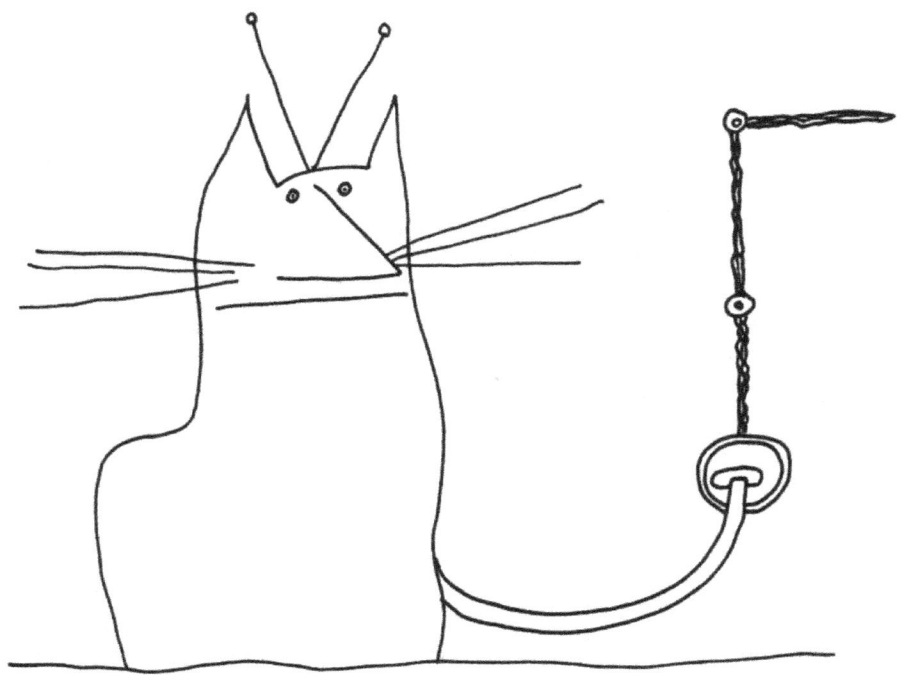

перемещались оранжевые чудовища – поролоновые смартфоны в человеческий рост. Еле торчащими из боков лапками они раздавали желающим оранжевые буклеты. Егор вспомнил, что с момента, когда он впервые увидел подобное существо на улице, его преследовал вопрос: кто там внутри? Бомж-неудачник или, наоборот, очень ничего себе девушка? И какое у них сейчас выражение лица? И чем они там дышат? И вообще – как им там? Он всмотрелся в надвигающегося на него монстра, и тут что-то небольно клюнуло его в затылок, и глаза его на мгновение закрылись, а когда открылись вновь – вокруг был мрак. Нет, не совсем мрак – совсем рядом с глазами, чуть левее, располагалась амбразура вроде танковой, заклеенная снаружи густой черной сеткой, и мир за ней был черно-бел и беззвучен. Беззвучно топталась очередь, с неба еле светило бледное неживое солнце. Егор попробовал пошевелиться и обнаружил некоторые признаки свободы только в ногах ниже колен и пальцах рук — все остальное было намертво схвачено темным, мягким и жарким. Он хотел закричать — и крик не вышел из него, увяз в густой черноте у самого лица. По виску, как муха, не спеша сползала капелька пота, и нечем было остановить ее. И тогда Егор осторожно вдохнул, выдохнул и медленно двинулся вдоль бесконечной очереди.

Колея

Проходите сюда, пожалуйста. Встаньте полукругом – так всем будет видно. Итак – перед вами первая рабочая модель отечественного колеепрокладчика АТ-70-1К. Центральный научно-исследовательский институт дорог и дорожного покрытия работал над этим чудом более двадцати лет. Задача перед учеными стояла непростая. Все мы знаем, что одна из вечных проблем России – дороги. Годами лучшие умы страны бились над решением этой проблемы с оглядкой на деятельность наших западных партнеров, не понимая, что идут по ложному и тупиковому пути. Помните, как в свое время американская военщина пыталась навязать Советскому Союзу соревнование в создании космического оружия – так называемые «звездные войны» – имея единственной целью обескровить нашу экономику? И надо сказать, им это почти удалось – к счастью, мыльный пузырь лопнул. Вот и сегодня – кое-кто пытается (к счастью, безуспешно) воссоздать на нашей почве современное западное дорожное покрытие, забывая, что это, во-первых, непомерно дорого, соответственно ведет к растратам и, прямо скажем, воровству, а во-вторых – совсем не так безобидно, как может показаться. Гладкое дорожное покрытие дает водителю ненужную степень свободы (это вообще свойственно странам с подгнившей демократией), усыпляет его внимание, провоцирует увеличение скорости, что неизбежно ведет к катастрофе. Кроме всего прочего, не следует забывать, что ровная гладкая дорога – открытые ворота врагу. Наши разработчики предлагают решить все эти проблемы кардинально – раз и навсегда. Вместо так называемой европейской дороги мы прокладываем колею. Колея не требует предварительной подготовки грунта, к тому же мы получаем на выходе невиданную экономию – вот цифры. Хищениям на дорожном строительстве будет положен конец. Колея дисциплинирует водителя, повышает его мастерство и совершенно безопасна в эксплуатации. Наш колеепрокладчик собран на базе лёгкого танка «Т-70», что делает его неприхотливым в эксплуатации и устойчивым к нашим климатическим условиям. В военное время он легко превращается в грозную боевую машину. Его рабочая часть, изготовленная с применением нанотехнологий, предусматривает прокладку колеи для легкового, грузового либо общественного транспорта. С учетом, так сказать приоритетов данного направления. Мы хотели назвать нашего первенца «Юрий Гагарин», но государственная комиссия рекомендовала нам не приземлять имя великого покорителя космоса, и мы дали нашей машине имя «Добрыня».

В настоящее время, прямо в эти дни, идет прокладка первой опытной колеи в направлении Тамбов – Малоярославец. Результаты впечатляют.

Если вопросов нет – предлагаю пройти в следующий зал – там нас ждет новейший поворачиватель рек «Гвидон».

Новогоднее

А правда, что это мы его так любим? При всей любви наших трудящихся к праздникам вообще Новый год всё-таки стоит на особом месте. Ну, понятно, традиция.

Хотя во многом – советская традиция. Нет, конечно, праздновали его и раньше, но он мерк в свете Рождества Христова. Советской властью было решено оттянуть внимание от религиозного Рождества к вполне себе нейтральному Новому году. И вот мы забываем уже, что звезда на елке – не кремлевская, а Вифлеемская, да и сама елка – рождественское дерево. И что подарки наши новогодние – это подарки волхвов к рождеству младенца Христа. Да и сам Дед Мороз – переодетый волхв или, в крайнем случае, Санта-Клаус.

В Америке, кстати, еще смешнее. Там, правда, празднуют всё-таки Рождество, Новый год его догоняет. Толпы народа в магазинах, от Санта-Клаусов не продохнуть, всё светится, крутится, подмигивает. Люди бредут, увешанные подарками, как елки на ножках. Прикидываюсь дурачком и обращаюсь к нагруженной коробками бабушке – фиолетовые букли, модные очки:

– А что это за праздник у вас такой?

– Как, сэр, вы не знаете? – изумляется бабушка. – Кристмас!

– А что это за кристмас? – продолжаю юродствовать я.

– Как, сэр? Это такой праздник, когда все дарят друг другу подарки!

И пошла.

О как! Тоже не очень помнит.

А ведь интересно – не такая это старая традиция – советский Новый год, а прижилась! И еще как! Вот новые праздники (я их даже запомнить не могу – День России, День независимости – как там?). Какие-то искусственные. Направленные на рихтовку нашей национальной гордости.

А Новый год – это письмо из детства. Причем каждому из нас – лично. Это единственный неполитический праздник в нашей стране и поэтому человеческий. Теплый. И гордость наша национальная – это салат оливье с докторской колбасой и килограммом майонеза, сельдь под шубой, заливная рыба, шампанское в холодильнике и прочие милые домашние радости.

И бой курантов по телевизору – чтобы не пропустить! И поздравлять друг друга. И желать счастья. Удобная форма заклинания – пусть все наши беды и проблемы останутся в прошлом году! Действительно, пусть. Может, и работает. Если веришь – наверняка работает. И вообще – когда одновременно очень большое количество людей, глядя друг другу в глаза, желает счастья и добра, да еще выпивает за это – это очень мощный энергетический всплеск. Земля должна вздрогнуть. Она и вздрагивает – вы просто не обращали внимания. И жизнь становится чуть-чуть лучше.

Может, благодаря этому мы всё еще живы? А кто знает?

Нет, можно, конечно, не возиться дома, а пойти в модный дорогущий ресторан – а только какой же это Новый год? А куранты? А «Огонек» по Первому – смотреть и ругать? Да что вы, в конце концов, в ресторанах не бывали?

А я лежу в маленькой комнате под одеялом, и прямо передо мной – восхитительно душистая елка в шарах, бусах и лампочках. Под елкой – вата, и среди ваты – бумажно-ватный Дед Мороз, строгий и кривоватый. Ему очень много лет, он еще довоенный. А мне уже шесть, и я слушаю, как стихают в соседней комнате голоса. Гости расходятся, становится слышно, как елка потрескивает и как падают с нее иголки. Сейчас все уйдут, а потом мама и папа принесут мне под елку подарок – его же там сейчас нет, а утром точно будет! И я в который раз решаю ни за что не заснуть, чтобы увидеть, как это произойдет – ну не Дед Мороз же, в самом деле!

И – засыпаю.

Так ни разу и не подсмотрел. Теперь уже не подсмотрю. Жалко.

А вас – с Новым годом! И поздравьте всех-всех, и посмотрите в глаза, и улыбнитесь! Сделайте этот мир добрее – хотя бы ненадолго.

Желание

Между прочим, желание – та единственная сила, которая задает вектор направления и скорости нашей утлой лодочке бытия в её путешествии по реке Времени. Бывают, правда, ещё обстоятельства. Но если первое вступает в противоречие со вторым – первое, как правило, побеждает. При этом желание мобилизует весь наш арсенал – силу, ум, хитрость, способности, талант, если угодно – что там ещё? А обстоятельства – чаще всего инертная вещь. Нежелание, кстати – тоже желание. Желание со знаком минус. «Я не хочу заниматься этим» и «Я хочу не заниматься этим» совсем недалеко ушли друг от друга, верно?

Во втором классе меня определили в музыкальную школу. Меня и не спрашивали – привели на Якиманку, прямо в кабинет директора, я, робея, что-то простучал по столу, что-то пропел неверным голоском – зачислили. Если бы меня спросили, хочу ли я туда, я бы изо всех сил закричал «Нет!», но кто же меня спрашивал. Музыкальная школа в понимании моей мамы являлась чем-то необходимым. Как витамины. Она сама прошла эту муку в юности и теперь её совершенно не останавливал тот факт, что на этом музыка в её жизни и закончилась. Я уже имел за спиной годовалый опыт домашних занятий на фортепьяно с педагогом Сарой Семёновной. Сара Семёновна научила меня ненавидеть ноты (сейчас я думаю — ведь это могло быть дико интересно! Неизвестный, совершенно интернациональный язык! И рассказывает он о том, о чём ни на одном другом языке не рассказать! Это ж как надо было постараться!) Сару Семёновну я одолел — она отказалась биться со мной. И вот теперь меня отдавали в лапы целого государственного учреждения. Специальность, сольфеджио, хор... Мне купили чёрную коленкоровую папку для нот — вместо ручки тесёмочки, по центру выдавлена лира в окружении каких-то листочков. Такую папку выхватывает из рук мальчика Манька-Облигация, спасаясь от Жеглова. Папка — предмет позора в глазах пацанов во дворе. И ведь никуда не спрячешь!

В музыкальную школу надо было ходить два раза в неделю — после школы обычной. Уже с утра в животе начиналось противное шевеление — как перед походом в поликлинику. Посещение поликлиники частично можно было оправдать тем, что правда что-то заболело. Или дадут справку для школы. А тут-то что?

Как я и ожидал, в музыкальной школе оказалось мучительно неинтересно. Исключение составлял, пожалуй, хор, и не потому, что там можно было сачкануть — просто хоровик Юрий Ефимович был хорошим педагогом. Но он был один. Ощущение бессмысленно, неправильно уходящей жизни не покидало меня. С этим надо было что-то делать.

Мольбы, обращённые к родителям, не дали результата. Следующим этапом стала имитация внезапно разыгравшегося нездоровья. При том что мама была медицинским работником и исключительно проницательным человеком, каждую новую легенду приходилось продумывать до мелочей, добиваясь медицинской достоверности, и непрестанно оттачивать актёрское мастерство. И ведь работало! Врачи запоздало разводили руками — они не находили симптомов (а иногда даже находили – как я тогда аплодировал себе мысленно!) Но всё это были временные меры. К тому же болезни не могли повторяться, и скоро они кончились. А догонять ушедших вперёд сокамерников по музобразованию становилось противнее и противнее.

Судьбу мою решила последняя постановка. Я замахнулся на сотрясение мозга. Постановка мыслилась масштабная, с участием статистов и свидетелей – сольные номера шли уже на грани провала. Несколько дней я изучал и репетировал симптоматику – благо медицинской литературы в доме хватало. Для полной картины не хватало шишки на голове. Шишку я набил себе сам. Накануне. Не буду посвящать вас в тонкости технологии и рассказывать как это делается – делается.

Я тщательно выбрал место падения – в коридоре школы на втором этаже. Сотрясение предполагалось получить, ударившись головой о батарею. Я сижу на уроке, но мысли мои далеко – я считаю минуты. И вот звонок на большую перемену. Все, распихивая друг друга, несутся в буфет. Я выбегаю со всеми, картинно налетаю на толстого Андрюшу Лохмана, красиво падаю возле батареи, одновременно изо всей силы ударяя руками в пол – нужна озвучка. Меня окружают, практически несут в медкабинет. Как я играю! Вы когда-нибудь пробовали сымитировать дрожание глазных яблок?

Мама в панике (мне её даже жалко), уже третий её знакомый врач-невролог говорит, что слава богу, обошлось, сотрясение если и есть, то несильное, хотя снимок сделать не повредит. И – целая неделя счастливой жизни!

И знаете что? В маме что-то сломалось. Нет, она не расколола меня – просто что-то ощутила. А голос её был решающим. В общем, я больше не ходил в музыкальную школу. Ни разу.

Это было не просто удовлетвореннное желание. Это была радость победы. В неравном бою. При неблагоприятных обстоятельствах. И это была очень важная победа.

А ноты обязательно выучу. Как-нибудь. Найду время.

Хорошие песни

Т. Лазаревой

Подарил мне тут знакомый книгу. Какого-то совершенно неизвестного издательства. Смотрю на автора – Леонард Коэн. Проза. «Вот тебе раз, – думаю, – а мы его за певца держим». Прочитал, не отрываясь. Сильнейшая литература! А если бы не приятель – так и слушал бы «I'm Your Man», и всё.

Великий Юрий Никулин очень хотел играть трагические роли, а его не звали. Почти. Потому что все знали: Никулин – клоун. Балбес. Ну зачем ломать стереотипы?

Таня Лазарева? А, это которая по телевизору шутит. С Шацем. Верно?

Верно. Только не совсем. Потому что это не вся Таня Лазарева. Довольно небольшая ее часть.

Мне очень повезло – мы с Таней дружим, и давно. И я знаю много такого, чего не знаете вы.

Знаю, например, что она великолепная актриса. От Бога. Просто нереализованная. Надеюсь, пока.

Знаю, что она божественно поет. Не использую тут слово «певица», потому что оно какое-то убитое. Представляете себе визитку – «Андрей Макаревич. Певец». Ужас, правда? Нет, Таня поет.

Поет она по-настоящему. Друзья-музыканты знают, не дадут соврать. А умение петь, между прочим, – это редкий и мистический дар. Некоторые думают, что уметь петь – это попадать в ритм и чисто брать ноты. Так думают певцы. Ну, отчасти они правы – это тоже важно, и у Лазаревой, кстати, с этим тоже всё в порядке. А только секрет умения петь не в этом. А знаете в чем? Это когда тебе спели песню, а ты вдруг заплакал. Сидел за столом, веселился, ни о чем плохом не думал, а тут раз – и заплакал. Почему, из-за чего – объяснить не можешь. Вот это и есть искусство. Остальное: ноты, ритм – ремесло. Этому можно научить. Или научиться. А самому главному – научить невозможно, и не тратьте время. Или есть, или нет.

Я очень давно подбивал Татьяну записать пластинку – как-то она не рвалась: то некогда, то – где взять музыкантов, то еще что-нибудь. Это мне так казалось. А сейчас понимаю –

дозревала, и думала всё время об этом, и мучилась, наверно. Потому что то, что мы с вами сегодня держим в руках, с кондачка не делается. Это уж я вам как музыкант говорю.

Таня мне рассказала, что записала песни, которые пели ее родители. Или у нее феноменальная память, или я не знаю, где она их раскопала – при затянувшейся моде на всё советское мы год за годом всем скопом топчемся по десятку шлягеров сороковых-шестидесятых. Ну, «Темная ночь», ну, «Слушай, Ленинград, я тебе спою…», ну, «Зачем вы, девушки, красивых любите?». Заканчиваем, как правило, «Призрачно всё в этом мире бушующем…». Не волнуйтесь, это всё Таня тоже знает. И не взяла из них ни одной. Многого из того, что она записала, нет нигде – даже в Интернете. А там, говорят, всё есть. Пытал я ее, пытал – не колется.

Татьяна выбрала для записи отличных музыкантов – из «Хоронько оркестра». Она добилась от них всего, чего хотела. Она, наверно, перфекционист.

Я раньше думал, что время – самый справедливый судья: поют песню сто лет – значит, она того достойна, забыли – ну, стало быть, не заслужила долголетия. Недостаточно хороша. Это не так. Время очень часто бывает несправедливо. И эта пластинка – лучшее тому подтверждение.

Называется она – «Хорошие песни». Конечно, хорошее – у каждого свое. Кому и «Белые розы» хорошая песня. И не поспоришь. Ну, нравится ему. Но на этой пластинке – правда хорошие песни. Так считает Татьяна. И так думаю я. Нас уже двое. Вы нам верите?

Я поздравляю сотрудников «Огонька» – у вас прекрасный вкус, спасибо!

Я поздравляю Татьяну – это великолепная работа, ею можно гордиться!

И я поздравляю нас с вами – у нас в руках чудесный подарок от Тани Лазаревой и от журнала, и вас ждет радость!

И еще знаете что? Как только сядете в машину – сразу выключите эту радиолабуду, которая включается у вас одновременно с зажиганием, – только сразу. И поставьте пластинку. Увидите, что будет.

Зоопарк

А мяса раньше давали больше. Сам я это «раньше» не застал, но все говорят. А старожилы (у нас их два) уверяют, что даже помнят. Было это в советское время. Я, правда, однажды посчитал – никак не могли они это советское время застать. Ну да ладно. Со стариками спорить – бессмысленное дело.

Позвольте представиться. Я волк Митя. Москвич во втором поколении. То есть стопроцентно городской житель. И знаете, я своей городской жизнью доволен. Время жутких тесных клеток на шесть персон давно прошло, у нас просторный вольер с выходом в открытое пространство – можно даже побегать (хотя зачем? Бегут обычно с конкретной целью – куда-то, от чего-то. А нам-то?) Лучше чинно гулять, а ещё лучше лежать на холмике (моё место!) как царь зверей и поглядывать оттуда на толпу посетителей. Люди приходят смотреть на нас за деньги, а мы смотрим на них совершенно бесплатно. Надо, конечно, помнить кое-какие правила. Например, не жрать всё что эти люди тебе бросают. Вон напротив живёт медведь. Он быстро сообразил: стоит встать на задние лапы и покривляться – и в тебя летит град конфет. Вот он и трескал их с утра до ночи. Только не знал, что бумажки, в которые конфеты завёрнуты, есть не следует. Дотрескался до полного засорения желудка. Промывали шлангом на наших глазах. Как он орал!

Вообще врач нам полагается раз в месяц, хочешь-не хочешь. И это, между прочим, правильно. Бесплатная медицина. У меня прекрасные зубы. И мясо дают почти всегда хорошее, каждый день и в одно и то же время. Я попытался однажды себе представить, как это – добывать себе пропитание, и не смог. Нет, ну правда – это же не в магазин сходить! Надо охотиться! Загонять свою добычу! Нестись из последних сил за худющим зайцем! Или ночью в коровник под пули лезть! А иначе – голодная смерть! Да вы что?

Спросите, откуда я это всё знаю? А очень просто. Есть тут у нас одна особа. Невыносимая, кстати, тварь – злая, необщительная, вечно сама по себе. Лиза такая. Лизавета. Она среди нас единственная, кого волчонком привезли из настоящего леса, какая-то там трагедия случилась. Вот ее и подселили к нам, горожанам. Думали – коллектив воспитает, уму-разуму научит. А она просто наловчилась прикидываться – чтобы от неё отстали. А нутро-то не переделаешь.

Я по глупости к ней поначалу подкатывал – новенькая! Даже вроде подружились. И вот она мне понарассказывала. Про лес без конца и края, про свободу, про необыкновенные запахи и удивительные звуки. И про то, какая это радость, когда папа возвращается с добычей, и когда он учит тебя охотиться. И я, знаете, заслушался – так у неё всё красиво выходило. Пока не спросил однажды: а вот эта вот свобода – это что конкретно? Это когда иди куда хочешь? А зачем? И она не смогла мне объяснить. Разозлилась. А я и не хотел её злить – я правда пытался понять: зачем это? Что там такое есть, чего нет у нас? Я, например, не страдаю от отсутствия возможности идти куда хочу. Да я никуда не хочу. Вот еда. Вот койка. Вот зрелище. Насчёт волшебных запахов – не знаю, не нюхал. А звуков тут хватает. Небось, побольше, чем в лесу. И я к ним совершенно равнодушен.

И только один-единственный звук творит со мной невообразимое.

Я слышу его раз в месяц, когда полная луна, огромная, как фонарь, повисает над нашим домом. Это поёт Лизавета. Она поёт, застыв, как изваяние, запрокинув голову вверх, прямо к луне, полуприкрыв глаза, и нет для неё вокруг никого и ничего кроме этой луны и этой древней песни. И тогда я тоже запрокидываю морду и закрываю глаза, и мне слышится – встань и иди! Ибо мир бесконечен и прекрасен, и ждёт тебя, и нет в нём никаких стен, и всё в нём – твоё, ибо ты – властелин его! Встань и иди!

И всякий раз я хочу подпеть Лизавете, и набираю полную грудь ночного воздуха – и горло моё не рождает ни единого звука.

Своим путем

Я радуюсь, когда кто-то кому-то начинает при мне доказывать, что у России свой путь и никто ей не указ. Конечно, свой, какой же еще! У нас другим не получается. При всем желании.

Я коллекционирую истории, произошедшие со мной на просторах Родины в разное время, в разных местах. Объединяет их одно – они непереводимы на иностранные языки. То есть перевести можно, и даже дословно, но смысл от иностранца ускользнет, как ни бейся.

Ну например. Летел я несколько лет назад из Нью-Йорка в Москву. Летел «Аэрофлотом», в бизнес-классе – не хухры-мухры. Самолет причалил к Шереметьеву, я прошел по коридору метров сто и понял, что оставил в салоне на сиденье фотоаппарат. Большой и дорогой. Я кинулся обратно – путь был уже перекрыт. Аппарат я купил совсем недавно, и было его исключительно жалко. Его и фоток, в нем хранившихся. И я побежал искать начальника смены – есть такая должность в аэропорту, решает все вопросы. Я нашел его – довольно быстро! – и рассказал о своем горе. Он нахмурился и (внимание!) спросил меня: «Сколько прошло времени?» – «Минут пятнадцать», – ответил я. «Боюсь, что уже поздно», – сказал начальник смены. Какие там иностранцы – даже я сперва не понял смысла услышанного. Как это поздно, там же сейчас, наверно, убирают! «Вот именно», – с тоской произнес начальник. Нет, я, конечно, не успокоился, мы дозвонились до команды уборщиков, и они поклялись, что никаких фотоаппаратов в салоне обнаружено не было. Ну естественно – поздновато задергался: пятнадцать минут! Прав был начальник.

Скажите – вы можете себе представить такую ситуацию в любом аэропорту цивилизованного мира (ладно, Сомали не берем!). И будет ли эта команда уборщиков работать завтра? У нас – будет. Других нет. А нам ведь даже не очень удивительно, правда?

Или вот. Звонят мне с нашей большой и известной радиостанции. «Здравствуйте, – говорят. – С национального радио беспокоят. Поздравляем вас! Ваша песня из последнего альбома лидирует в хитах и по итогам года тянет на премию «Золотой магнитофон»! Так что пожалте такого-то декабря в Кремлевский дворец на торжественное вручение!» Я обрадовался. Не так-то уж часто подобное происходит, приятно. «Спасибо огромное, – говорю, – вот только именно этого декабря мы на гастролях. Но это же не страшно, правда?» В трубке – мучительное молчание. «А-а! – догадываюсь я. – Вы, наверное, даете премии только тем, кто приходит на вручение, да?» «Ну вы понимаете, – бормочут на том конце. – Это же все-таки шоу…»

Понимаю. Будет другая песня лидировать – того, кто приедет. Хрен с ней, с премией, переживем. Странно только, что в Каннах или в Голливуде такая система не практикуется – «Оскаров» бы сэкономили. Не доехал, скажем, Кэмерон до Лос-Анджелеса – куку ему с маком, а не «Оскара»! А надо приезжать. У нас тут шоу! Так нет – корячатся, унижаются, через продюсеров высокую награду передают – дураки, ей-богу.

Так каким, говорите, Россия путем пойдет? Своим, только своим. Долго идти будем.

Инструменты на стене

Интересно, с каких времен идет традиция оклеивать стены жилья бумажными обоями? Обои в советские времена были все больше веселенькие – в цветочек, и меня это уже в детстве раздражало – не комната а шкафчик для посуды (кстати и посуда сплошь была в золотых и голубых каемочках и цветочках – просто белую найти было невозможно. Сейчас, слава богу, появилась. Неужели непонятно, что тарелка – это окантовка для картины, которую являет из себя само блюдо? Какие, к черту, цветочки?) Причем все было непросто: сначала стенку равняли и штукатурили, потом заклеивали газетами, и уже поверх газет на клейстер, который варили из крахмала, лепили обои вертикальными полосами, стараясь, чтобы рисуночек совпадал. Считалось, что это уютно. Рядом с трубами отопления (а они шли прямо по стенам) клейстер пересыхал, обои отходили, за ними обычно жили клопы.

Между тем если стена у тебя белая (или почти белая, однотонная) – любой предмет, висящий на ней, обретает качество произведения искусства. И мне это очень нравится, я пользуюсь этим всю жизнь.

А еще я безумно люблю музыкальные инструменты – совершенно неважно, умею я на них играть или нет (хотя научиться хочется). В любом музыкальном инструменте уже живет музыка – просто чтобы выпустить ее наружу нужен музыкант. Ну-ка, кто-нибудь видел в своей жизни хоть один некрасивый музыкальный инструмент? Я могу бесконечно любоваться изгибами и золотым мерцанием саксофона, изящным переплетением валторны – свернулась в колечко на солнце! – изысканными обводами скрипки, талиями гитар. Вот ведь интересно – внешнюю форму автомобиля рисует художник, дизайнер. А форма музыкального инструмента продиктована необходимостью, самой природой – эта форма дает звук. А другая не дает. Поэтому красота инструментов не придуманная а истинная, напоминающая нам о том мир тяготеет к гармонии, как бы мы его не уродовали.

Впрочем, это относится не только к музыкальным инструментам. Туполев, кажется, сказал – если самолет некрасивый, он не полетит.

У меня на стене висит множесво музыкальных инструментов – старинные, народные, этнические. Фабричные и самодельные. На каких-то я умею худо-бедно играть, из каких-то могу просто извлекать звуки – это неважно: я провожу пальцами по струнам и слышу голос далеких стран, давно ушедших времен. Я могу заниматься этим бесконечно. Я слышу голос инструмента, и клубок воспоминаний разматывается сам собой.

Вот мандола – инструмент, похожий на мандолину – только у мандолины четыре сдвоенных струны, а у мандолы – шесть. Мы гостим у Миши Барышникова в Нью-Йорке, у него чудесный домик в соснах на берегу Гудзона. Мы – это Юз Алешковский и Леня Ярмольник. Миша показывает нам на видео свой совершенно потрясающий номер –

на сцене только он и мощная басовая колонка. Еще маленький микрофон, прикрепленный к левой стороне груди. В тишине мы слышим только удары мишиного сердца. Он начинает танцевать под этот ритм, и ритм начинает убыстряться. И Миша танцует быстрее. И темп растет. На протяжении танца пульс у него учащается от шестидесяти ударов в минуту до ста сорока. Даже сама идея этого номера заслуживает самой высокой награды. А видели бы вы, как он танцует!

Миша идет показывать нам дом, мы спускаемся вниз, заходим в какую-то подсобку, и я практически спотыкаюсь об мандолу – она лежит на полу среди чемоданов, коробок и прочего хлама. Струн на ней нет, дека треснута. Я беру ее в руки и понимаю, что ей лет сто, не меньше. А то и сто пятьдесят (уже с момента этих событий прошло двадцать!) Миша не помнит, откуда она взялась – привез когда-то из Италии. И тут же дарит ее мне – ему она не нужна. Дальше я хожу по дому уже не выпуская ее из рук – я просто не могу. Мы сидим допоздна, выпиваем, мандола лежит у меня на коленях. Миша рассказывает, какая чудесная игра гольф (он ей недавно увлекся). Больше всего ему нравится, что соревнуешься ты прежде всего сам с собой – иди и играй. Верх английского индивидуализма. Он зовет нас утром поехать с ним и посмотреть как это прекрасно. Но утром идет дождь. И Миша едет один. Играть под дождем. Видимо что-то в этом гольфе действительно есть.

Я привез мандолу в Москву и мне ее идеально отреставрировали.

Но если говорить о спасении инструмента, то была история посильнее.

В нашем МАРХИ – Московском Архитектурном институте преподает профессор Степан Христофорович Сатунц.

Ему уже много лет, при этом он аристократ, оригинал и даже пижон. Ходит с тросточкой и носит тонкие белогвардейские усики. Большой знаток и любитель музыки – и классической и джазовой. Степан Христфорович ведет курс до тысяча девятьсот восемьдесят пятого года и умирает в возрасте семидесяти пяти лет. Спустя некоторое время мне звонит его вдова. Оказывается, у Сатунца была любимая семиструнная гитара – старинная, богато инкрустированная перламутром. Он любил на ней играть, она висела у него на стене. Сатунц умер, наступило лето, квартира стояла пустая (все уехали на дачу), этажом выше прорвало трубу с горячей водой (откуда летом взялась горячая вода? Бесовщина!) и эта самая горячая вода в течение суток лилась именно на ту стену, на которой висела гитара. В общем, вдова хочет отдать мне все, что от нее осталось, хотя сильно сомневается что это подлежит восстановлению. Разумеется, я еду и забираю останки.(Я не первый раз сталкиваюсь с таким ходом событий: после смерти человека его любимые предметы не хотят оставаться на этом свете без него. Когда умер мой отец – через несколько дней вот так же прорвало трубу в его мастерской и тысячи полторы его великолепных графических работ погибли, спасти удалось ничтожную часть.)

Смотреть на бывшую гитару без слез невозможно: лак сошел, тончайшая дека вздулась и вся пошла трещинами, порожек сорвало, обичайка отклеилась, перламутровая инкрустация почти вся выпала – поди собери теперь эту мозаику. Неужели с этим что-то можно сделать? И я нахожу реставратора, и он творит чудо – он работает полгода и восстанавливает инструмент! Я не понимаю как ему это удалось. Кланяюсь в ноги.

А вот рядом с ней – ну, в общем, тоже гитара. Можно так сказать. Так нарисовал бы гитару четырехлетний мальчик. Представляете? Нет, вряд ли.

Мы с Сашей Розенбаумом и еще тремя друзьями путешествуем на лодке по Пантаналу – это огромное дикое пространство на юге Бразилии. Полгода оно практически покрыто водой, потом вода уходит, оставляя многочисленные реки, речушки, озера и болота. Это царство болотных птиц и кайманов. Мы идем на моторе и постоянно ищем место для ночной стоянки – берега для этого плохо приспособлены: они либо болотистые, либо покрыты непроходимой колючкой. На четвертый день река становится шире, правый берег поднимается, открываются видимые пространства. К обеду наталкиваемся на жизнь: у берега привязана пара лодок, наверху хижина – три стены и крыша, все из тростника. Это школа, сюда сходятся и съезжаются дети со всей округи. Так как округа практически не заселена, детей всего восемь – самого разного возраста. Они внимательно слушают учителя. На доске нарисована корова, и они изучают ее устройство. На стене висит восемь гитар – обычных, фабричных, но – здесь, в этой глуши, вдали от цивилизации! Восемь – по количеству учеников! Вот это да! Местечко чудесное, мы выгружаемся, вступаем в контакт с учителем и детьми – мы ведь еще снимаем кино, Саша берет гитару и начинает на ней наигрывать – он уже давно не держал в руках гитары, а сам все время что-то сочиняет (и заставляет меня). В этот момент к берегу пристает еще одна лодка. Какое скопление народа! В лодке необыкновенно колоритный мужичок – возраст его не поддается определению, волосы кучерявы, часть передних зубов отсутствует, но это его совершенно не смущает – он дерзок и лукав. В руках у него – в общем это явно самодельный инструмент, прообразом которого была гитара. На лицах школьного учителя и наших проводников радостное оживление. Оказывается, это местный бард, весьма известная в этих краях личность. Он сочиняет и поет песенки – в основном про взаимоотношения с девушками. Его тут же усаживают, он принимается петь, все четыре местных слушателя смеются, один достает блокнотик и записывает слова. Судя по реакции, песни про девушек веселые и бесстыжие. Потом он просит спеть Сашу – у того гитара до сих пор в руках. Саша поет, Винсенто (так зовут барда, здесь каждый второй – Винсенто) очень впечатлен. Он явно не ожидал, что этот небритый путешественник окажется музыкантом. Саша выказывает восхищение винсентиным пением и инструментом, и Винсенто дарит ему свою гитару. Днем спустя, видя мои глаза (я не специально, честное слово!) Саша передаривает ее мне.

Гитара Винсенто представляет из себя настоящее произведение первобытного искусства. Она выдолблена из одного куска пальмы – и корпус и гриф. Из второго куска вырезана дека. Колки тоже деревянные, их, как и струн, пять. Струны сделаны из толстой рыболовной лески, из нее же на грифе намотаны три лада. Хозяину хватало. Он очень лихо на ней играл. Все его песни состояли из двух, изредка трех аккордов, но разве дело в количестве аккордов? Джон Леннон всю жизнь мечтал написать песню на одном аккорде. В дороге гитара расстроилась, и мне уже не удалось восстановить строй, которым пользовался Винсенто.

В Москве гитара первым делом рассохлась и начала разваливаться. Пришлось нести ее к тому же реставратору. Мы спасли ее.

А вот чуть ниже – домбра: профессиональная, думаю, недешевая, очень хорошо звучащая. Девяностые годы, у «Машины» концерт в Элисте (кажется, впервые) и после концерта сам Кирсан Илюмжинов приглашает нас на ужин. Все не просто так – за нами заезжает целая колонна черных машин с сиренами и мигалками, нас сажают в самую длинную, и весь кортеж, не переставая завывать и мигать, на бешеной скорости выезжает из города. Совершенно сюрреалистическая картина: ночь, огромная полная луна, бескрайняя ровная как футбольное поле степь от горизонта до горизонта, идеально прямая дорога, уходящая в бесконечность, и по ней летит кавалькада «ЗИЛ»ов и «Мерседесов», непонятно кому сигналя и мигая. Минут через сорок на горизонте появляется зарево, и скоро мы подъезжаем к месту назначения – посреди степи стоят шатры, горят огромные костры, жарятся бараны. Я выхожу из машины и меня буквально сшибает с ног сумасшедший запах полыни – вся степь покрыта именно ей и, видимо, она цветет. Чтобы вы понимали степень силы ароматического удара, я скажу, что я сорвал там несколько веточек, привез их в Москву и положил в кухне на буфет. И на протяжении полугода каждый, входивший в мой дом, шумно вдыхал воздух, закатывал глаза и говорил: «Как же у тебя здорово пахнет! Что это?» Так вот это было бледное отражение эха того могучего аромата, который стоял той ночью в степи. Ни до, ни после я ничего подобного не испытывал.

В общем, был праздник. Со всем соблюдением восточных традиций. И Илюмжинов подарил мне домбру – национальный струнный инструмент – треугольный корпус, длинный тонкий гриф, две струны. Мы ехали обратно под утро объевшиеся, пьяненькие и счастливые. Я держал домбру в руках и пытался воссоздать на ней калмыцкую ритмику. У меня, скажем так, не очень получалось. Сидевший рядом со мной местный молодой парень смотрел на меня с сочуствием. «Может, ты умеешь?» – спросил я и протянул ему инструмент. Он молча принял его и вдруг выдал нечто невообразимое – так играют на домбре виртуозы. Это особый, сложный ритмический бой, когда часть ударов приходится по струнам, а часть попадает еще по деке – кто слышал, тот поймет. Я был ошарашен. На мой вопрос – чем он занимается? – парень смущенно сказал: «А, министр культуры».

А ведь я не рассказал еще про волшебный инструмент из Камбоджи – имя его звучит примерно как «темпанг донгвей», про ситар из Катманду, про маленький укулеле с корпусом из панциря броненосца – я купил его у индейца в Эквадоре, и он обладает поразительно звонким звуком. Ну, да всего не расскажешь.

Всякий раз, когда я везу домой очередной инструмент, я отчетливо понимаю, что вот его вешать будет уже точно некуда – стена не резиновая. И всякий раз инструменты-хозяева чуть-чуть раздвигаются – и вот место для новенького. И похоже, они будут делать это еще много раз.

Про красоту

Моему отцу.

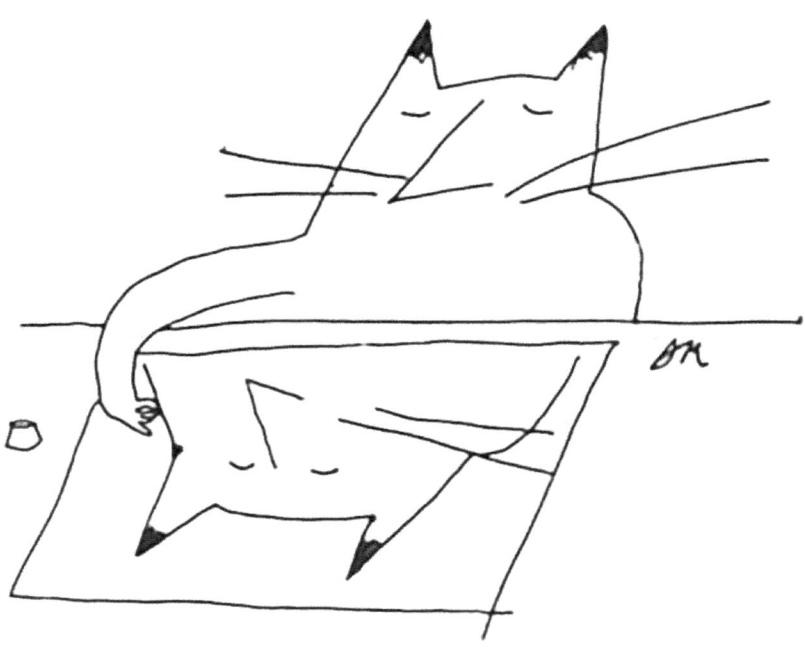

Отец одно время преподавал на первом курсе Московского архитектурного. Первый курс назывался ФОП – факультет общей подготовки. Он выходил к этим юным, победившим в жестоком конкурсе, прошедшим суровые вступительные экзамены без пяти минут гениям, ставил мелом на доске две точки – на расстоянии чуть больше метра друг от друга – и стремительно соединял их идеальной прямой. Потом предлагал студентам проделать то же самое. Ни у кого не получалось. Даже близко. «Вот за этим, – говорил отец, – вы сюда и поступили».

И за этим тоже.

Идеальный художник – это идеальный глаз плюс идеальная рука. И работают они в жесткой сцепке, как единый организм. Так было всегда, когда художник рисовал. До недавнего времени. Пока не появился концепт. Он как бы не отрицает ни глаза, ни руки, но делает их не главными, не обязательными. Главное – идея. А прямая линия – вообще чушь: компьютер дает такую линию, что прямее не бывает.

Что такое красота? У Даля нет ответа: «Красота, краса, украса, услада». В историко-этимологическом словаре современного русского языка – «то, что доставляет эстетическое наслаждение». Спасибо, объяснили. В Большом энциклопедическом словаре вообще бред: «Красота – квантовое число, характеризующее адроны». Я подумал, я с ума сошел. Толковый словарь русского языка Ушакова – нет объяснения! Словари кончились.

По-моему красота – это когда через наше корявое, рукотворное, бытовое вдруг проступает божественное совершенство. Оно бесконечно далеко от нас, но оно есть, вот оно, и это для меня одно из бесспорных доказательств существования Всевышнего. И ты не можешь объяснить, почему эта линия заставляет твое сердце чаще биться, почему это лицо на холсте светится тихим светом и слезы наворачиваются у тебя на глаза. Чувствуешь, а объяснить не можешь. Вот в словарях и пусто.

Гоните к черту тех, кто будет вам объяснять, что красота – понятие субъективное, у каждой эпохи, у каждого этноса

свое представление о красоте. Это они так маскируют свое убожество. Они путают конфету и фантик. Фантики меняются, это правда. Меняются моды, направления, стили. А божественный свет – непреходящ. Он проступает из древних наскальных изображений и из фресок Феофана Грека, из холстов Боттичелли и Модильяни, из «Пьеты» Микеланджело и трактирных вывесок Пиросмани. Или не проступает. Из «Черного квадрата» ничего не проступает. Черный квадрат – и все. Ломать – не строить.

Мне семь лет, и я смотрю, как отец рисует. У нас с ним одна комнатка на двоих, у стены – мой раздвижной диванчик, у окна – его рабочий стол. Отец берет новый лист, несколько секунд смотрит на него, сощурясь, и вдруг стремительно проходит по нему толстой кистью, движения его резки и непредсказуемы, и через пару минут я, затаив дыхание, вижу, как разрозненные линии и пятна соединяются в портрет женщины необыкновенной красоты. Образы этих женщин рождались у отца в голове – почему, как, откуда? Еще минута – и работа ложится сохнуть на пол рядом с двумя другими. Отец берет новый лист. Он будет рисовать, пока на полу не останется места. Я наблюдаю почти каждый день, как рождается Красота под рукой безупречного художника. Я готов наблюдать за этим бесконечно.

Как же мне повезло!

Норма

Со словом «Норма» у меня ассоциируется отнюдь не произведение Сорокина, а забытое словосочетание «Нормы ГТО». Спроси сейчас на улице любого умника младше тридцати – а ну-ка, что это такое? Сдохнет – не ответит. Что-то такое, что надо было сдавать. Слушайте, когда я учился в школе, мы уже никаких норм ГТО не сдавали – а вот некое эхо грозных сталинских лет оставалось, висело над нами неприятным облаком. В общем, какие-то обязательные для всех (в данном случае спортивные) результаты. Выше – не обязательно, ниже – не дай бог. Чтоб все, как один. Товарищ, вы нормы ГТО сдали? (На всякий случай расшифровывалось это как «Готов к труду и обороне»)

По первому ощущению норма – нечто незыблемое, выверенное, вечное. Некая совокупность параметров, характерная для данной общности людей. Или предметов. Для клюквы быть кислой – норма, для яблока – отнюдь нет. И сто лет назад было так, и тысячу. Казалось бы. На самом же деле норма – одна из самых зыбких и непостоянных вещей. Потому что жизнь и раньше-то не стояла особо на месте, а теперь понеслась по восходящей и в разнос. И нет больше, как мудро заметил Пелевин, никакой вечности. Просто клюква и яблоко где-то застряли.

Ну смотрите. В древней Греции жили в среднем до 30 лет. И это была норма. Пятидесятилетний считался глубоким стариком. Ещё недавно 60 лет были нормой, сегодня сокрушаются – «Ах, какой был молодой!» Норма, эта беспринципная сволочь, моментально натягивает на себя правила большинства.

Сорок лет назад я работал архитектором. Отлично помню книжицу в голубенькой бумажной обложке – «СНИП. Строительные нормы и правила». Это была жуткая книжица, внятно объяснявшая строителям и нам, архитекторам, что нам нельзя. Нельзя было почти ничего. Можно было шаг колонн шесть на шесть, девять на девять и двенадцать на двенадцать. А семь на семь – нельзя. Балок таких нет. И вообще не выпендривайтесь. Наверняка в каком-то виде эта книжка существует и сегодня – куда же совсем без норм и правил? – но как же она должна была измениться! Новые материалы, технологии, вкусы наконец! Где эти ненавистные колонны? Нет, что-то без сомненья, остаётся нормой: здание не может висеть в воздухе. Пока.

У няни моей младшей сестры тёти Мани кино делилось на хорошее, плохое и «жизненное». Вот норма – это всё «жизненное». Норма исключает всякого рода открытия. Потому что «А что, если...» её принципам в корне противоречит. И если это всё же вопреки всему случилось и победило, оно взрывает существующую норму. И как правило устанавливает новую – спустя некоторое время.

В художественных институтах Москвы – Архитектурном, Строгановке, Девятьсот пятого года вступительный экзамен по рисунку занимал первое и главное место – дальше буду говорить про Архитектурный, в другие не поступал. Так вот, если ты получил за рисунок (их было два) две пятёрки – про остальные экзамены мог вообще не думать. При том что на место претендовали 7-8 человек. Вот только две пятёрки получал один, в крайнем случае два счастливчика с курса. Так было.

И вот тут самое важное: рисовали мы гипсовую голову, и мало было нарисовать просто хорошо – надо было рисовать гипс в традициях и школе нашего института. А гипс – построение формы, светотени, штриховка – везде рисовали по-разному. Я, например, и сейчас с первого взгляда отличу руку выпускника Архитектурного. Да, это было норма, и видимо так с нами, молодыми идиотами и надо было – сначала школа. Школа, слава богу, была великолепная, и я, как и многие, целый год ходил в институт на подготовительные курсы, чтобы постичь ее азы. Норма включала в себя геометрическое построение объёма, границы света и тени, ибо именно благодаря ей мы видим форму предмета, и особые приёмы штриховки – гипс имеет особенность светиться в тени благодаря рефлексу. В общем, не буду морочить вам голову. Ракурс и разворот тоже имели значение – не вздумайте рисовать чистый профиль или фас. Желательно плюс-минус три четверти, и хорошо если голова расположена чуть выше вас. Тоже понятно – так проще показать объём.

Экзамен проходил во флигеле церкви рядом с нашим институтом – там находилась кафедра рисунка. Помещение это было высокое и довольно тесное. Мольберты стояли почти впритык друг к другу. Я дико психовал перед экзаменом и поэтому не ломанулся вместе со всеми занимать правильные места, в результате чего мне достался мольберт, стоявший прямо под головой – это оказался Дорифор. Подставку в этот раз взяли высокую, метра два с половиной, и мой мольберт в неё практически упирался. Мне открывался дикий ракурс, никак не вписывающийся в наши каноны. Некий футуристический изыск – пожалуйста, но на экзамене нужна академия. Я сел на место самоубийцы, ибо нарисовать на четвёрку отсюда было невозможно: или «уд-неуд», что одно и то же, или – или случится чудо, ты победишь, сломав все нормы, которым нас старательно обучали год лучшие преподаватели. Чтобы видеть объект, мне приходилось запрокидывать лицо в небо. Подбородок Дорифора нависал надо мной, вызывая в памяти объявление «Не стой под грузом!»

Я огляделся. Вокруг уже сопели и шуршали карандашами по бумаге абитуриенты. У грузинского мальчика недалеко от меня Дорифор получался чуть-чуть с грузинским акцентом, у якута греческий воин был капельку чукча. Меня всегда поражал этот феномен – начинающий рисовальщик ещё не умеет видеть то, на что смотрит, и всегда рисует себя. Я развеселился, глубоко вдохнул и нырнул в свой безнадёжный омут.

Я победил тогда. Спустя пару месяцев наш преподаватель, член приёмной комиссии, слово в слово повторил мне то, что вертелось у меня в голове во время экзамена: если бы работа была на йоту слабее, это было бы «два». Ибо норму ломать надо убедительно, иначе она мстит. Но я победил, мне повезло.

Это рассказ не про то, какой я гениальный рисовальщик (хотя не без этого). :)

Это про то, какой кайф ломать заборы, которыми справа и слева заботливо украсили твой путь. И за этими заборами – волшебные бескрайние пространства, о которых ты даже не подозревал, шагая по загону норм и правил с другими счастливыми.

Только прошу вас – не перебегайте улицу в неположенном месте. И прыгая с самолёта, всё-таки прихватите парашют.

Герои рок-н-ролла

К выставке «30 лет питерскому року»

Они были совсем не такие, как мы.

То есть нет, конечно, они были точно такие же, как мы: битлы в сердцах и в головах, и джинсы – больше, чем джинсы, и хаер – больше, чем хаер. И мы, и они были модниками на грани идеологического скандала. И всё-таки. Сейчас попробую объяснить. Мы, как герои «Властелина колец», шли, таясь, ночами к одной нам ведомой цели. А они – они плыли в одной лодке. С прекрасным и безумным Колей Васиным на мостике. Я сейчас говорю далеко не о всех красавцах с этих фоток – многие питерские (и те, кого принято считать питерскими) – Гаркуша, Цой, Кинчев, Борзыкин, Шевчук – были тогда еще маленькими. А мы – «Машина», «Аквариум», «Зоопарк», «Мифы» – мы были просто невероятно молодыми. Я про семьдесят шестой год.

В семьдесят шестом году мы познакомились с БГ и «Аквариумом» на фестивале в Таллине (можно я буду писать по-старому? Тогда писалось именно так). А до семьдесят шестого года никаких фестивалей подобной музыки в стране и не случалось – и не могли мы нигде познакомиться, Интернета, пардон, еще и в планах человечества не стояло, так что всё произошло очень вовремя. И уже спустя несколько недель мы ехали в Питер по приглашению Борис Борисыча.

Они встречали нас на вокзале хлебом-солью и, кажется, портвейном – прекрасные волосатые парни и девки. Они хохотали и пели «Yellow Submarine». Два последующих года пролетели, как один сумасшедший сейшен. Мы совершали наши вылазки практически раз в неделю. Мы сводили с ума питерских фанов, сидели ночами в странных огромных облупленных комнатах питерских коммуналок, пили всё, что льется, курили всё, что исторгает дым, и говорили обо всём на свете. Хотя – какое обо всём? О музыке, конечно.

Питерцы копали вглубь. Помню, меня поразило тогда, что и Боря и Майк великолепно знают рок-н-ролльную поэзию – Боба Дилана, Донована. Я владел английским не хуже их, но мне почему-то не приходило в голову нырять в это море настолько глубоко – мне вполне хватало музыкального драйва. И вообще я с самого начала чувствовал, что они какие-то по-хорошему другие – а в чем именно, понять не мог. Если мы были добрые и непрактичные фанатики, то они были совсем добрые и отчаянно непрактичные. С ними было тепло.

Еще тогда казалось, что в Питере посвободней, что ли. Они нам казались посвободней. За два года нас там так ни разу и не повязали. Хотя пытались.

Ну да, можно анализировать: столица, близость к Кремлю и всему, что в нем сидит, со всеми вытекающими, с другой стороны – сыновья и дочки разного рода дипломатических работников, пропадающих за границей, заморские чудеса: акустика, диски, гитары.

Вот гитары у нас были получше.

У них был Питер – в те годы серый, обветренный, вдруг невероятно просторный, когда выходишь к Неве, строгий, грустный и прекрасный город. Ничего от того Питера не осталось. Я выхожу из поезда на Московском вокзале, иду вниз по Невскому – как тогда – ни черта не узнаю.

Впрочем, от той Москвы осталось еще меньше.

Как же мы давно живем!

И как хорошо, что мы такие разные!

В.П. Аксенову

Все эти долгие месяцы, пока Василий Павлович лежал в больнице, я понимал, что надежды практически нет. И всё-таки верил в чудо.

1968 год. Я возвращаюсь из школы. Отец дома – ходит по квартире, читает вслух журнал «Юность» – сам себе. Восхищенно: «Нет, но как пропустили?»

«Затоваренная бочкотара».

Слышу унылый голос юного эстета из наших дней: «Ну что там было запрещать? Милая такая проза, романтическая, позитивная. С юморком».

Эх, ребята…

Я не знаю другого писателя, текст которого дышал бы такой свободой. Он учил нас, затюканных совком, дышать свободой – каждой своей строкой. И вот это было – нельзя. Вся судьба его – большое чудо. В любой момент могло повернуться гораздо хуже.

А мы сидели с засаленным до прозрачности «посевовским» «Островом Крым» и до утра сочиняли – вот если бы снять такой фильм (да, конечно, никто и никогда!) – кто бы кого играл? Скажем, Андрея Лучникова? Получалось, что Янковский.

Вот и Олега нет.

И литература вроде не кончилась. Напротив – развивается в полном соответствии со временем. Сейчас такие прозаики есть – головы кошкам откусывают. А вот так свободно не дышат. Не могут. Свобода – это ведь не то, какая погода стоит на дворе и кто там у нас царь. Свобода – это то, из чего ты сделан внутри. Или не сделан.

Сейчас таких не делают.

Календарь и даты условны. Я вдруг понял, что вот сейчас закончился двадцатый век – с его революциями, Великой Победой, репрессиями, оттепелью, холодной войной, джазом, Битлами и Василием Аксеновым.

Земля вам пухом, Василий Павлович.

Чудеса

В шестидесятые годы – я как раз заканчивал школу – необыкновенной популярностью у нас, да и в мире пользовалась научная фантастика. В девяти случаях из десяти действие происходило на космическом межпланетном фоне. (Интересно, как этот фон из сегодняшней фантастики ушел – совсем. Теперь – мистика на фоне быта.) Одной из главных тем была победа умных машин, сделанных людьми, над самими людьми, размякшими от хорошей жизни.

Полгода назад американцы подарили человечеству новую игрушку – ай-пэд. Я, надо сказать, ко всем этим новинкам абсолютно равнодушен и компьютер воспринимаю исключительно как пишущую машинку со встроенным почтовым отделением. Мой товарищ в этом смысле – полная мне противоположность. Он так умолял меня купить ему эту фиговину (а я как раз ехал в Штаты), как будто от этого зависела вся его дальнейшая жизнь.

В назначенный день – первый день продаж – я стоял у магазина «Эппл». Очередь по длине и возбужденности напоминала очередь за пивом году в семьдесят пятом, когда его наконец подвезли. Удивляясь тому, что и в Нью-Йорке бывают очереди, я отстоял минут тридцать и получил запакованную коробочку. Это у нас компьютеры распечатывают, смотрят, все ли на месте, включают – а вдруг не работает! А тут – никакой заботы о человеке. Как пачку соли продали.

Товарищ был счастлив. Он бегал по городу, неся машинку гордо, как знамя, не выключая ни на минуту и стараясь поймать восхищенные взгляды друзей, знакомых и случайных прохожих. Эйфория угасла недели через три, когда у окружающих стали появляться такие же.

А я пытался вспомнить нашу жизнь без мобильников — это ведь было совсем недавно. И жили, и назначали встречи, и были, между прочим, гораздо ответственнее: отстоишь очередь к автомату, прорвешься через бесконечное «занято» (у нее в коммуналке три семьи, а телефон один), договоришься о встрече — послезавтра в семь ноль-ноль на Пушке — и все, железно. Если не пришла — что-то очень серьезное случилось. Я такого даже не помню. А теперь — сто раз перезвонишь, три эсэмэски отправишь — про то, что в пробке застрял, потом она поменяет место встречи, а потом окажется, что она вообще сегодня не может — она просто забыла, у нее дела. Зыбко живем. Попробуйте представить себе день жизни на планете без всей этой электронной бодяги — ладно, уличные телефоны-автоматы оставим (хотя звонить-то уже некуда — по-моему, домашние аппараты доживают последние дни). Мы превратимся в глухих и слепых беспомощных амеб. Мы понаделали себе множество опасных костылей и разучились без них ходить. Роботы нас давно победили. Привет вам, мистер Айзек Азимов! Как в воду глядели.

А знаете, что самое смешное? То, что вот эти строки я сейчас пишу на этом самом ай-пэде. Своем. Удобный, собака.

Архитектурному

Любите ли вы архитектурный?

Нет, любите ли вы архитектурный, как люблю его я? Этот волшебный ветер свободы творчества и свободы Духа, который так опьянил меня в семидесятом, и не ушел, и пьянит меня до сих пор? Как он ошеломил меня тогда, после обрыдшей школы! Мы – взрослые! Нам – все можно! Но главное – мы художники! (Мы ведь поступили!) А станем – гениальными художниками! Нас научат!

Но до этого – подготовительные курсы по рисунку. В церкви! Конечно, в церкви, ибо рисование – священнодействие. Магическая тишина, которая едва нарушается шорохом грифеля по бумаге. И – неслышные шаги учителя за спиной, и вдруг – прямо тебе в ухо – шепотом (можно ведь было и вслух! – нет, шепотом!): «Проверьте вот тут и тут…» И – две-три легкие линии поверх твоих мучений. И – елки-палки! Как же я сам не видел! И почему мы все рисуем не голову Дорифора, а, оказывается, самих себя?

Утренние лекции в Красном зале. Любопытство и жажда знаний, борющиеся со сном (с переменным успехом, надо сказать). И не потому что неинтересно, а потому что – кто же спит ночью? И вот – спасительный звонок, двенадцать ноль-ноль. И – бегом вниз по лестнице в столовую по странному коридорчику с наклонным полом (а в буфете, между прочим, продается пиво, и совсем не считается грехом перед следующей парой выпить стаканчик дивного «жигулевского» напитка – мы же взрослые! А по причине высокого оказанного доверия никто и не перебирал). И потом сразу – курить на Фонтан! Фонтан – это алтарь, и прикоснувшись к его теплому камню даже задницей, светлеешь и очищаешься!

Любимые часы – рисунок, живопись, проект. Нелюбимые – математика, сопромат, а особенно – история КПСС. «Макаревич, вы спите! Встаньте и выйдите!» Конечно, сплю.

Наверно, были такие, кто любил сопромат и транспорт больше, чем рисунок и проект. Надеюсь, из них вышли хорошие инженеры.

А потом, после занятий, можно было пойти замечательной компанией на Полгоры или на Пушку. И совершенно спокойно преподаватель любимого предмета мог оказаться в этой компании, и было в этом нечто избранно-лицейское, и пиво пилось возвышенно и в чрезвычайной степени духовно.

А диплом? Шесть безумных месяцев, когда ночи и дни перемешались и поменялись местами, с раскладушечкой в загоне из подрамников в номерах бывшего дома свиданий мадам Петуховой? Невозможный запах весны и кухни ресторана «Узбекистан» ломится в наши открытые окна. На кухне «Узбекистана» нас любили, и все, что мы ни просили навалить в кастрюльку, стоило – рубль. Обед в полночь, потом выгнать всех из закутка, помыть кастрюльку, покурить, и – отдохнувшим взглядом – на подрамники. «Нет, все надо по-другому!» Средняя площадь рукотворного диплома была 16 кв. м – шестнадцать метровых подрамников. (У меня было, кажется, двадцать три! И, ей-богу, это было красиво!) Как выглядят дипломы сейчас? Я, увы, не знаю. Кто-то мне тут посетовал недавно, что, мол, зря нас учили отмывать, чертить вручную и вообще делать «подачу» – не нужно теперь все это. Как не нужно? А как бы еще тебя научили отличать красоту от некрасоты в сделанном твоими руками? На мониторе? Или, может быть, тебя так и не научили?

Меня – научили. Говорю об этом без всякой ложной скромности и горжусь этим, хотя последний раз занимался профессией двадцать лет назад. Нет, неправда – я занимаюсь ею постоянно, ибо что такое архитектура, как не организация хаоса в божественный порядок? А колонны это, ноты или строки стиха – дело десятое. Законы Ритма, Пропорции и матери их Гармонии – едины.

Низко кланяюсь всем, с чьей помощью я эти законы постигал. Всем своим Учителям. Даже командиру военной кафедры Петру Макаровичу Холодному, ради которого я бинтовал свою голову два раза в неделю – не стричься же было, в самом деле. А еще – всем своим сокурсникам. Мы были вместе, и нам было прекрасно. А еще – стенам родного МАРХИ: простояли столько лет и, бог даст, простоят еще столько же и сохранят внутри себя этот удивительный дух Искусства.

Дай бог.

Почему мы такие злые

Я был на Олимпиаде в Ванкувере. Почему сейчас вспоминаю? Я ведь, в общем, не болельщик. Совсем. Помню, в первый же день мы вышли из гостиницы, разодетые в яркие костюмы нашей сборной от «Боско». К нам бросились два огромных местных полицейских, увешанных, как в кино, дубинками, наручниками, рациями и револьверами. «Регистрацию проверить хотят», – смекнул я. Нет, они бежали поприветствовать гостей из России. Атмосфера доброжелательности была разлита в воздухе, ощущалась просто физически. Мы ее чувствуем гораздо острее других – мы от нее отвыкли. Вернее, привыкли к ее отсутствию.

Почему мы такие злые?

Ой, я знаю, мне сейчас объяснят: это потому, что у нас такая жизнь. «Это не мы, мамаша, такие – это жизнь такая!» – ключевая фраза из фильма «Бумер». А ведь всё ровно наоборот, мальчики, – это не жизнь такая, это мы такие. Потому что мы эту жизнь делаем. Каждый день, каждую секунду.

Нам, правда, помогают. Помогают найти виноватого. А это ведь кто угодно, кроме нас с вами, правда? Вариант для первого уровня умственного развития: это всё американский заговор (или жидомасонский – какая разница?). Это они сделали так, что нам плохо. Вот суки. Вариант номер два: да что вы, какие американцы! Это – наши! (Дальше по списку: Ленин, Сталин, Горбачев, Ельцин, Путин, а во главе всех – Чубайс. Странно, Брежнева не ругают – добрый был дедушка.)

Ребята, а это не мы сами, а?

Вы можете себе представить какого-нибудь Сталина во главе Америки? Да не пытайтесь. Там у людей другое чувство собственного достоинства и личной свободы. Не лягут под такого.

А мы легли.

Что, страшно было вякнуть? Конечно! А только ведь страх не спасал – всё равно и сажали, и расстреливали. А мы – ничего: радовались и на демонстрации ходили. А чего?

Хозяин был. Твердая рука. А с нами так и надо – построже. А невиновных у нас «не содют».

А теперь вдруг – обозлились. На всех и на всё.

Отношение к нам милиционеров сравнимо с отношением солдат вермахта к жителям оккупированных территорий. Я не преувеличиваю – это у вас глаза замылились. А ведь они – это мы, это наши сограждане. Что с вами, ребята? Заболели?

Когда один журналист поддержал идею беспощадно отстреливать бездомных собак (тех самых, которых мы с вами вчера сделали бездомными, выкинув их на улицу) – я уже знал: завтра придет очередь бомжей и беспризорных детей – от них тоже одно воровство и зараза. Я почти дождался – другой журналист предложил дать матерям право лишать жизни детей, родившихся с психическими отклонениями (ему повезло – когда родился он сам, такого никому в голову прийти не могло. Его бы точно усыпили).

А ведь этот «гуманист» – это тоже мы. Не с Марса же он прилетел.

И церквей, казалось бы, понастроили, понаоткрывали. И ведь ходим. Особенно по праздникам. Для красоты.

И знаете что? Если мы сами – прямо сейчас – не сделаем себя добрее, нам ничто не поможет. Ни Путин, ни патриарх, ни Господь Бог. И конец наш будет ужасен, поверьте. Мы ведь на планете одни такие остались.

Только сами.

Похоже на проповедь, правда?

Владивосток

Владивосток — замечательный город. Правда, очень далекий. Но он настолько замечательный, что с этим можно мириться. И я обожаю туда приезжать. А в тот раз мы еще ехали в самый сезон — конец сентября, бабье лето. В общем, мечта.

Во Владивостоке светило солнце, шел кинофестиваль, по улицам гуляли красивые девушки, в океане стоял полный штиль. Мы отыграли клубный концерт, завтра должно было состояться выступление на городской площади — в честь закрытия кинофестиваля. На следующий день погода испортилась, с океана дунул ледяной ветер, «северняк», как говорят местные, океан из голубого сделался серым, по нему поползли барашки. Вдобавок ко всему с неба посыпался мерзкий осенний дождь. Сцена для нас уже была построена, и звук настроен, но даже если бы ожидалось выступление сэра Пола Маккартни, я бы вряд ли оказался среди зрителей в такую погоду. К вечеру ветер усилился, звуковой пульт залило водой, и его пришлось срочно менять, одежда сцены трещала по швам, а шатер, в котором должна была находиться наша гримерка, просто сдуло ветром — как домик девочки Элли в «Волшебнике Изумрудного города». Нас там, к счастью, в этот момент не было — мы подъехали чуть позже, нам устроили гримерку в автобусе, мы пили горячий чай с водкой и меняли концертные майки на свитера. Психология зрителя имеет забавную особенность: его не интересует, что на сцене была температура восемь градусов, или что кто-то из артистов плохо себя чувствовал, или устроители концерта обманули и поставили не тот аппарат, который обещали, а гораздо хуже, из-за чего звук плохой, – виноваты во всем все равно будут артисты. Поэтому если уж ты вышел на сцену – все скидки отменяются.

Я, честно говоря, не ожидал увидеть большое количество зрителей на площади – очень уж не концертная была погода. Тем не менее их оказалось много – самых отчаянных фанатов «Машины», готовых слушать любимую группу в любых условиях. Но самое удивительное было не это: огромное пространство от сцены почти до середины площади было отгорожено барьерами, на нем сиротливо топтались два милиционера – им явно было неуютно в такой пустоте, а наши зрители жались по ту сторону барьеров, и было до них метров семьдесят. Если бы их пустили в отгороженное пространство – они бы заняли его наполовину, не более. Что я и предложил сделать немедленно. Заботясь, кстати, не только о них: нет ничего противнее, чем петь и играть в пустоту. Ко мне прибежали возбужденные организаторы концерта и милицейский начальник и закричали наперебой, что это совершенно невозможно – это ВИП-пространство, и сейчас сюда приедет губернатор. Мои доводы насчет того, что ни один нормальный губернатор в такую погоду сюда не приедет и что он уже слушал нас вчера (а он и правда вчера приходил), не имели успеха. Мне в ответ кричали, что это вообще не в их компетенции, и при этом все время показывали пальцем в небо – как будто распоряжение дал Всевышний. Люди на площади мерзли, надо было начинать. И мы вышли и отыграли концерт. Хороший. И народу набежало много, и все радовались и пели «За тех, кто в море», как будто нас не разделяла полоса отчуждения, и даже дождик прекратился, и, конечно, никакой губернатор не приехал.

А потом мы тряслись в автобусе по дороге в гостиницу, и я думал, что мы станем полноценными гражданами полноценной страны не когда «Лада Калина» обгонит «Мерседес» по боевым качествам и не когда наши станут чемпионами мира по всем видам спорта, а когда внутри нас самих умрет наконец это позорное рабско-барское Средневековье. Если, конечно, когда-нибудь умрет. А тогда и «Лада Калина» поедет, и на спортивных полях нам не будет равных.

Вот увидите!

Джаз

Я хочу рассказать вам про джаз только из желания поделиться счастьем. А счастье вызвано тем, что джаз пускает меня к себе – он, как Мона Лиза, сам решает, кому нравиться и кому позволять себя любить. И если вы считаете, что джаз – это занудная какофония для интеллектуалов и снобов, не расстраивайтесь. Слушайте Стаса Михайлова.

Так вот. Джаз – это искусство искусств. Это вершина музыкального творчества, потому что он и есть творчество в самом своем чистом виде. Джаз – это только здесь и сейчас, он рождается при вас под пальцами музыкантов, и второй раз эта пьеса не прозвучит так никогда. И музыкант в джазе – именно творец, и не с десяти до шести за рабочим столом, а вот прямо тут, на этой клубной сценке, перед вами, и вы свидетель ежесекундного рождения музыки. Поэтому джаз нельзя играть вполноги, он забирает тебя целиком, всего, и именно поэтому многие великие джазмены уходили молодыми, до смерти загнав себя алкоголем и наркотиками, – в какие бездны они погружались! Именно поэтому многие великие джазмены доживали до рекордных лет – в какие светлые выси они воспаряли!

Умение импровизировать – высочайший дар, и в этом смысле джазовые музыканты стоят на вершине Олимпа – отсюда нищета и величие: они к вам не спустятся, а вы – поднимайтесь. Если сможете. Азбука джаза – стандарты. Это популярные пьесы и песни, написанные пятьдесят-сто лет назад. Вы не поверите – был в истории человечества такой отрезок, когда мода требовала сочинять красивые, иногда непростые мелодии и создавать изумительные оркестровые аранжировки. И они становились популярными, то есть любимыми народом. Невероятно, правда? И звучат они в джазе до сих пор – в бесчисленном количестве вариантов. Стандарт – свидетельство проверки музыки на качество, а значит, на долгую жизнь. Средний джазовый музыкант знает сегодня около ста стандартов, и знает – значит, играет. Как вы думаете, станет ли джазовым стандартом хоть одна мелодия из нашего продвинутого сегодня – лет, скажем, через десять? Ну да, мне тоже смешно.

А джем-сейшен? Люди, незнакомые друг с другом, никогда не игравшие вместе, а иногда и ненавидящие друг друга, выходят на одну сцену и творят музыку вместе, уступая друг другу дорогу, прислушиваясь друг к другу, перекликаясь, соревнуясь, споря, сливаясь в общий хор, и нет между ними барьеров – ни возрастных, ни языковых, ни социальных. Где еще возможно такое?

Пульс джаза, его магия – свинг. Его нельзя записать на ноты, его можно только или чувствовать, или нет. Свинг – это то, что заставляет сердце неровно биться, когда вдруг понимаешь, что смертельно влюблен или стоишь на краю обрыва. И человек, ощутивший однажды вкус свинга, уже никогда не испытает былого восхищения от ровненько расфасованных пастилочек попсы или рок-н-ролла, ибо все познается в сравнении.

И еще – джаз можно только полюбить. Разлюбить его невозможно.

Ну что – идем вечером на джаз?

В зимнее время года

Я понял наконец, за что я так не люблю зиму. Просто я сам себе зимой не нравлюсь. Вернее, нравлюсь еще меньше, чем в теплое время года. Я начинаю отвратительно себя вести. Масса вещей вдруг становятся – необязательными, что ли? Например, подарил друг-музыкант свою новую пластинку. И музыкант хороший, и пластинку хвалят, и летом я бы ее завел тут же весь в нетерпении, а вот лежит она у меня вторую неделю нераспечатанная. Возьму в руки и положу обратно на стол: не хочу. Да и стол рабочий давно надо бы разгрести: банки с краской, бумага, мусор какой-то – работать не сядешь. Не хочу. Постоишь над ним, вздохнешь – и пошел на кухню. Ничего не хочу.

Отчасти дело, видимо, в коротком дне. Мало того, что он короткий, – он еще и сокращается, и это особенно противно. Обычный дневной замах не умещается в это шестичасовое относительно светлое время суток, называемое по привычке днем. Только разогнался – а уже стемнело. Все – садись, пей. Чукчи думают, что человек произошел от медведя. У меня в предках явно был медведь. Может быть, шатун. Потому что впасть в полноценную спячку все-таки не получается – среда не отпускает и не до конца позволяет физиология. Давняя неосуществленная мечта: выяснив у секретных метеослужб предполагаемую дату первого снега, накануне погрузиться в самолет с минимальным набором необходимого и улететь туда, где люди всю жизнь ходят в майках и шортах и снег этот видели только в американском фильме ужасов «Послезавтра». А домой можно вернуться в конце апреля, когда этот самый снег уже сошел, вокруг вовсю орут птицы и весна просто висит в воздухе. Как-нибудь обязательно попробую.

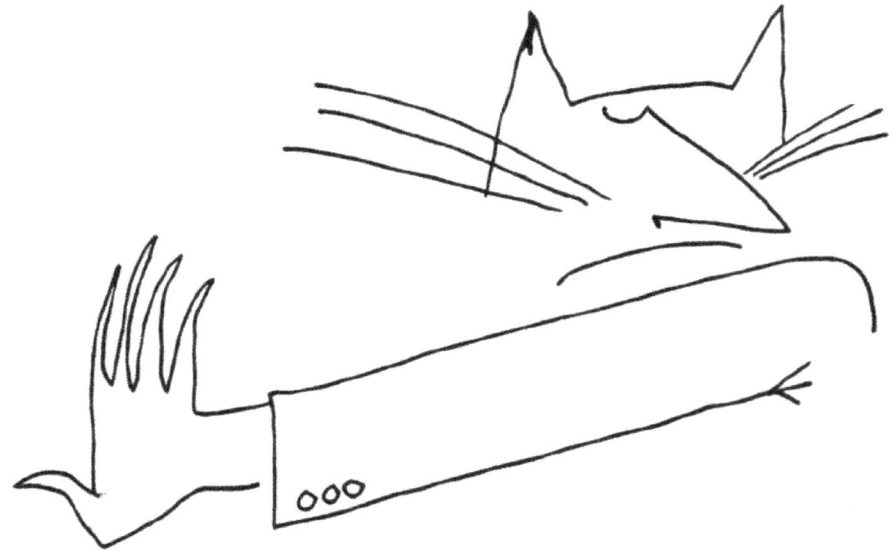

И вдруг! Какого-нибудь двадцать шестого декабря (еще и Новый год не наступил!) ты вдруг понимаешь, что день стал на минуту длиннее! Минута – пустяк, но завтра добавится еще одна! А послезавтра – еще! Делишки-то идут к весне! И все, оказывается – такой ерунды вполне достаточно. Раскопал на столе пластинку, распечатал, послушал – отличная пластинка! Разгреб стол, сел рисовать. Хорошо! А потом Новый год просвистит молниеносно, числа третьего выйдешь на улицу – а все разъехались, каникулы. Дороги пустые. Сел в машину, едешь себе. Неважно куда. Просто хорошо. Едешь и думаешь: «Делишки идут к весне!»

Думаете, психика, да?

И снова о пьянстве

Вообще мне кажется, что эпоха эпического, былинного пьянства в нашей стране уходит в прошлое. Возможно, я ошибаюсь. Возможно, сужу только по тому, что вижу (хотя вижу немало). Возможно.

В тысяча девятьсот семьдесят третьем году в Пскове (мы, студенты архитектурного, проходили там практику по живописи) я видел незабываемую картину: город был поголовно пьян. Причем пьян не в смысле «выпимши», а в стельку – на грани физического падения. Пьяны были мужчины, женщины, старики и старухи. Детей в поле зрения не наблюдалось. Это был день получки. При всем при этом никакой радости от выпитого в атмосфере не ощущалось – в воздухе висела тяжелая тупая агрессия. Я чудом добрался до нашей общаги: раза три меня по дороге натурально могли убить – просто за то, что трезвый.

В эти же годы случилась со мной история, заставившая впоследствии задуматься о мистической составляющей присутствия водки в нашей жизни. Летом мы небольшой компанией ходили в путешествие по Карелии – до Петрозаводска на поезде, там на «Ракете» до Великой Губы, а дальше – своим ходом. Места там были потрясающие – нехоженые леса, озера с темной прозрачной водой, брошенные и вымершие сразу после революции деревни с огромными резными избами и деревянными церквами. Не думаю, что вся эта красота дожила до наших дней – уже тогда эти избы рассыпались от прикосновения. Боюсь, сегодня там стоят коттеджи и охотничьи базы.

Мы приехали на вокзал загодя – минут за тридцать до отхода поезда. Затащили в плацкартный вагон рюкзаки, палатки и лодку, и тут я, леденея, понял, что сумка с шестью бутылками водки осталась дома – я прямо увидел, как она стоит на полу в прихожей. Не подумайте только, что мы ходили в Карелию, исключительно чтобы жрать там водку – в ходе путешествия мы должны были остановиться у местного пастуха Женьки, а он без водки терял всякую способность к человеческому общению. Как поступил в этой ситуации я? Я, развив максимальную скорость, выбежал на площадь трех вокзалов, вскочил в такси (нынешние пробки нам тогда, по счастью, и не снились), доехал до своего дома на Комсомольском проспекте, влетел на седьмой этаж, обнаружил, что ключи от квартиры остались в рюкзаке, поцеловал замок, скатился вниз, впрыгнул в то же такси, доехал до вокзала и умудрился вскочить в поезд в тот самый момент, когда он тронулся. Спустя мгновение я, еще не отдышавшись, вспомнил, что седьмую – последнюю! – бутылку водки я собственноручно засунул в мешок с резиновой лодкой. Я потянул за мешок, лежавший на третьей полке, бутылка выскользнула, пролетела мимо моего лица, ударилась об пол и разбилась с характерным звуком. Не буду описывать взгляды и реплики моих товарищей – я сейчас о другом: как в этой ситуации требовала поступить логика? Ну забыли сумку – бывает. Ну нашли бы в Петрозаводске магазин, ну отстояли бы часовую очередь, ну купили бы водки (мы так и сделали, деньги были). Да и забытая дома водка не прокисла бы (а она и не прокисла). Что же сподвигло на такой нелогичный и даже рискованный поступок? Боюсь, что там, где дело касается водки, логика отступает, включаются какие-то иные законы. Говорю как человек, испытавший это на себе.

Несколько лет назад (на самом деле уже довольно давно) мои друзья ходили на байдарках по речке Сухоне — речка эта протекает недалеко от Вологды и уходит в совершенную глухомань. Там она становится довольно неприветливой — берега ее обрывистые, глинистые и вязкие, глубина приличная и течение достаточно сильное. По берегам встречаются нищие деревни с сильно пьющим населением. Иногда в этих местах мои друзья делали привал.

Одна такая деревня показалась им странной — они даже вначале не поняли, в чем дело. Потом сообразили: в деревне, довольно большой, не было мужиков. Совсем. Были бабы, бабки, молодухи и даже дети. А мужиков не было. Ребята спросили хозяйку, у которой остановились, — что здесь произошло? И вот что они услышали.

В самом конце зимы в деревенский магазин везли на санях продукты по льду через речку. В числе продуктов находилась пара ящиков водки. Сани попали на промоину, провалились под лед со всем товаром, ящики ушли на дно. С тех пор деревенские мужики, выпив и не допив, шли нырять в речку — искать водку. Они утонули. Все до одного. В течение года.

Красиво, правда?

Кстати, по поводу зависти. Я вообще очень независтливый человек — как-то некому и нечему было завидовать. Но однажды я точно испытал острое чувство зависти. Шел семьдесят девятый год, я только-только познакомился с Леней

Ярмольником, и он позвал меня в гости. Жил он по тем временам весьма шикарно – у него был японский телевизор из «Березки», всякие модные штуки и главное – бар. В мебельной стенке откидывалась дверца, там была подсвеченная лампочками ниша с зеркалом сзади, стояли разные заграничные бутылки и бокалы. И самое главное и невероятное – приходили гости, пили из этого бара, уходили, а в баре оставались напитки! Представляете? У меня это не укладывалось в голове. Ко мне тоже часто приходили гости, но никто не уходил, пока на дне хоть одной бутылки оставалась хоть капля – неважно чего. Бар меня потряс. Дома я освободил часть полки от книг – полка была с дверцами, и бар оказался почти готов. Я наполнил его чем мог, долго передвигал внутри бутылки и стаканы – для красоты. В первый же приход друзей с баром было покончено. Я и не ждал чуда – пошел, закупил что смог, и восстановил красоту. Бар прожил еще два дня – до прихода друзей-музыкантов. Я не сдавался и наполнял его снова – не считаясь с расходами. Как говорил мой друг Миша Генделев – надо приглашать в дом приличных людей, а не всякую гопоту.

Шли годы. Сейчас у меня давно уже не то что бар – буфет. И гости уходят, а напитки остаются. Вот только былой радости нет. Вернее, радость есть – былой нет.

А.Я. Розенбауму

Очень легко писать о каком-нибудь неизвестном талантливом человеке. Такое ощущение, что открываешь глаза человечеству. И все вокруг восклицают: «Как? Кто это? А мы не знали!»

Об очевидном писать чудовищно сложно. Ну что неожиданного можно рассказать про Сашу Розенбаума? Тем паче что он постоянно рассказывает о себе сам – своими песнями. От чьего бы лица он их ни писал.

Лет десять назад он вдруг позвонил мне ночью – а мы, между прочим, еще не были так сильно знакомы. И с ходу предложил отправиться на Амазонку. Да нет, я и сам с детства мечтал пройти по Бразилии маршрутом полковника Фосетта: выпьешь, бывало, с друзьями и мечтаешь – на Амазонку бы! И никуда не едешь – дела. А тут были не мечтания, а серьезное мужское предложение. Я страшно удивился. И мы поехали. В джунгли. В дикую глушь. В мечту нашего детства.

Лучше попутчика я не встречал.

А ведь если бы не он – я бы так и не собрался. Так бы до сих пор и грезил.

Нет, вы не понимаете. Я сам обожаю путешествия и вообще очень легкий на подъем человек. И больше всего люблю связку «придумал – сделал». Но тут Саша оказался главней меня.

Потом мы с ним путешествовали по самым разным местам, но это уже потом.

Недавно за столом в хорошей компании я спел несколько Сашиных одесских песен (не удивляйтесь, это со мной бывает). Сидевший рядом со мной режиссер Павел Лунгин сказал, что по каждой из них он может хоть сейчас снять маленькое кино. Потому что это идеальные готовые раскадровки. Вплоть до чередования планов – общий, средний, крупный. И всё уже придумано, всё нарисовано.

Думаете, это Саша так специально старался? Или просто по-другому не умеет?

А еще кто-нибудь так умеет?

На этом же, кстати, вечере один товарищ с пеной у рта доказывал мне, что эти самые песни написал вовсе не Розенбаум – на самом деле они очень старые и народные.

Ну-ну.

Разве это не высшая похвала для музыканта и поэта?

12.12.12

А признайтесь-ка, господа, не надоел ли вам постоянный трындеж про конец света? Вот этот, ежедневный и еженощный? Безграмотный и назойливый? Бессмысленный и беспощадный? Мне лично надоел смертельно.

Я читал интервью с женщиной, посвятившей жизнь изучению культуры древних народов Латинской Америки. Это интервью с бесконечно усталым человеком, который вынужден по десять раз на дню повторять, что пингвины не нападают на людей. И календарь этот пресловутый вовсе не майя, а ацтеков, и никакого конца света он не сулит – просто заканчивается определенный цикл, по их индейским представлениям. Раньше у нас были страшно популярны отрывные настенные календарики – в день по листочку. Они заканчивались первым января следующего года – что, тоже конец света? Всё бесполезно. Люди не хотят слышать. Они жаждут историй про кровожадных пингвинов. А раз жаждут – их и кормят.

Зачем они это делают?

А для ужаса. Ужас, оказывается, хороший товар. Его покупают. Так что кормят-то не просто так, а за деньги. И какое-то в последнее время сильное перепроизводство этого товара, вам не кажется? Каждая утренняя новость у нас начинается с того, что очередной пьяный идиот за рулем во что-то врезался, а потом – все остальные новости человечества. Конечно, ужасно, но уж один-то пьяный идиот за сутки в такой большой стране непременно, увы, найдется. И при советской власти врезались, просто об этом не сообщали по радио на всю страну. Начинали с Брежнева. Тоже ужас, конечно, но всё-таки другого порядка.

А ведь правда, вспомните: вот едем-едем, и вдруг раз – пробка. Машины поползли со скоростью пешеходов. А это впереди авария. Она, правда, произошла два часа назад, и разбитые машины уже оттащили к обочине, проезду они не мешают. Откуда же пробка? А это мы все смотрим. Проезжаем и притормаживаем посмотреть – как это там они грохнулись, чего разбили, может, погиб кто? Интересно же.

Ну да, живет в людях такой интерес. В силу их природы. Но в людях вообще много чего живет. Приятно, например, ковырять в носу. Но это считается неприличным. Вот и не ковыряем на людях. Пока.

Тут недавно питерские депутаты, устав от ужаса, предложили эту болтовню о конце света в средствах массовой информации как-то ограничить – ну сколько можно. Некоторые интернет-сайты отозвались с молодежным задором: а мы специально вам в пику устраиваем Неделю конца света! Баба-яга против.

Ай, молодца!

Друзья мои. Я не хочу повторять навязшую в зубах пошлятину вроде того, что мысль материальна. И всё же массовое сознание влияет на реальность, никакой мистики тут нет. Искалеченное массовое сознание влияет на реальность нехорошо. Нас обкормили ужасом. Давайте сменим тему. Нам ведь тут жить.

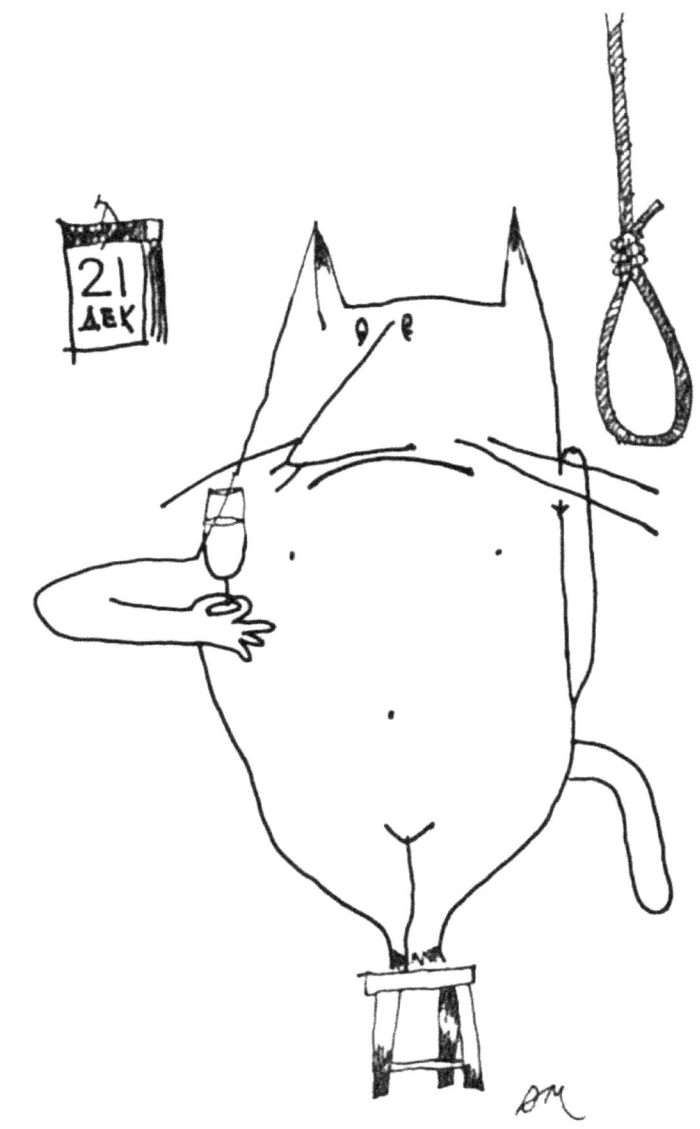

И давайте двадцать второго декабря, когда последние кликуши наконец успокоятся, попробуем сообща подумать о чем-нибудь хорошем. Может, поговорить об этом. Надо же когда-то начинать.

Новый год всё-таки.

К Бабе Яге

Надо сказать, из всех мифических народных персонажей меня в детстве более всего занимала Баба Яга. Может быть, потому что играл Бабу Ягу в киносказках артист Милляр. Артист был дяденькой, и это казалось забавным, хотя играл он очень достоверно. Однако шли годы, и в этой мужской имитации женского стало мне видеться нечто большее.

Личность Бабы Яги окутана мраком. Живет в лесу совершенным особняком, в избушке, способной поворачиваться к гостю передом, к лесу задом, летает в ступе, поколдовывает, периодически грозится и даже пытается съесть народного героя Иванушку, но так ни разу у нее ничего и не выходит, из чего мы заключаем, что персонаж она скорее диковинный, но не страшный – не Змей Горыныч. А то еще поможет путнику – то травки колдовской даст, то дорогу укажет.

Итак, начнем с имени. Что-то не припомню я такого русского женского имени – Яга. Однако приходит на ум вполне близкое слово «йог». Теперь – «баба». Если сместить ударение с первого слога на второй – получаем «баба», что на хинди означает «святой» (вспомните – Саи Баба, Баба Вирс Синх и т. д. Это высокое звание давали в Индии просветленным и чародеям. И вот перед нами Баба Йог, неизвестно какими путями попавший из знойной Индии в таежную заснеженную Россию. Вспомним внешний облик бабушки: смуглая кожа, исключительная худоба, скажем так, неславянский профиль, густые длинные космы. Бабушка ли? В святых местах Индии видел я таких бабушек сотни, только были они дедушки. И артист Милляр изобразил бы любого без усилий. Желание кутаться в лохмотья тоже вполне объяснимо – не Бомбей, холодно. В наших-то лесах.

Теперь – ступа. Вы давно видели ступу? Летать в ней крайне неудобно – еще более неудобно, чем на метле. Но метла – это европейская история, и сейчас мы ее касаться не будем. Рабочее отверстие в ступе очень узкое, туда с трудом можно попытаться засунуть одну ногу – даже очень худую. Вспомним, однако, что слово «ступа» имеет еще одно значение – это культовое буддийское сооружение, каменный купол, в основание которого заложена крохотная часть тела Будды – скажем, волос или ноготь. Служит для вознесения молитв и медитации.

Не знаю, как вы, а я легко представляю себе Бабу Йога, поселившегося подальше от духовно неблизкой ему русской жизни, построившего ступу и левитировавшего над ней. У аборигенов должен он был вызывать ужас, смешанный с уважением. А также легкую иронию – потому как истинный йог ни на какое зло не способен.

Все про Бабу Ягу, правда?

Осталось представить себе, как наш йог залетел на бескрайние российские просторы. Вариантов тут масса – начиная от модели «арап Петра Великого» и заканчивая способностью продвинутого йога перемещаться в наших грубых материальных пространствах. Я допускаю оба варианта.

Немного о сострадании

Концерты «Машины времени» планируются задолго – за несколько месяцев. За пять дней до концерта в Москве – землетрясение в Японии, цунами, разрушен реактор, тысячи жертв. Решаем посвятить наш концерт пострадавшим в трагедии, отдать свои гонорары, собрать пожертвования в зале – обычная история, все понятно. Времени на какую-то специальную подготовку уже нет, спешно проводим пресс-конференцию – не для того, чтобы рассказать, какие мы хорошие, а чтобы попытаться подать пример – мы же не одни такие, в конце концов. Собранные средства хотим передать посольству Японии – напрямую. В день концерта ставим в центре зала большую коробку с перебинтованным японским флагом – подходите, бросайте кому сколько не жалко.

Перед началом концерта – куча журналистов. Наших и японских. Японцы благодарят, одна девушка задает вопросы, плачет и смеется одновременно – никогда не забуду. Наши (все на подбор – юные красавицы) начинают беседу с одного вопроса. Угадайте, с какого. Спорим, не угадаете – вы же нормальные люди, я уверен. А вопрос звучит так:

«Скажите, а почему вы помогаете Японии?» Первой нимфе я с удивлением объясняю, что если кому-то рядом вдруг стало плохо, а ты в состоянии помочь – надо помочь, правда? Это же нормально – по-человечески, по-христиански, в конце концов. Особого понимания в глазах не вижу. Второй птице мне на этот вопрос отвечать уже труднее – чувствую себя в плену у марсиан. На четвертой не удержался – камера в одну сторону, микрофончик в другую, слезы, крик, милиция… Шучу. Удержался. Но очень хотелось. Для пробуждения нормальных человеческих чувств.

А на концерте все было хорошо – и на минуте молчания никто не проронил ни звука, и деньги в нашу коробку несли и кидали – мне со сцены все видно. И приехал лично посол и сказал теплые слова, и мы ему передали все собранное.

Рано утром на следующий день улетаем на гастроли, поспать удалось часа три. Поднимаюсь по трапу – звонок: «Андрей Вадимович, я из «Доказательств и правды», нам очень нужно ваше интервью!» По голосу – такая же птичка, щебечет. Ладно, давай по телефону. «В последнее время Боно и Юрий Шевчук проявляют политическую активность. Почему вы не проявляете?» Девушка, идите в жопу. Отключился. Неудобно, грубо. Нельзя так все-таки с девушками. Звонок. «Андрей Вадимович, не сердитесь, пожалуйста, – работа у нас такая!» Смотри-ка, не обиделась. «Только один вопрос, пожалуйста! Почему вы помогаете Японии?»

Нет, все-таки в жопу. Лю-ди!!!

Я очень не любил Советский Союз. Но там нас в детстве учили правильным вещам – упавшему надо помочь подняться. А потом в телевизоре появились очень дорого снятые игры, где упавшего надо было добить. Сообща. За миллион рублей. Но вот странно: мы эти игры срисовали с западных (не сами же придумали, в конце концов) – а сострадание в этих западных странах не умерло и не умирает. В чем дело?

Есть одно утешение – скоро исключительно идиоты будут брать интервью у идиотов для идиотов – и гармония восторжествует.

Хоть так.

Рекомендации лучших стоматологов

На протяжении моих детских лет отец несколько раз выезжал по работе за границу – он проектировал наши советские выставки за рубежом. Возвращение его напоминало возвращение астронавта из космоса – он привозил с собой «невероятные данные и неизвестные науке предметы». Всё, что он видел на орбите, он фиксировал на домашнюю любительскую кинокамеру 2 на 8 (кто помнит – знает: производство ГДР, черно-белая пленка, звук отсутствует). Однажды он минут десять просто снимал телевизор, переключая телевизионные программы (у нас в стране тогда их было всего две). Так вот, на экране беззвучно сражался какой-то Джеймс Бонд, и вдруг картинка исчезла, поплыли улыбающиеся тетки вперемежку с флаконами духов. «Что это?» – изумился я. «Это реклама, – объяснил отец, – она идет каждые пятнадцать минут». Я, помню, страшно испугался, что пока будет тянуться эта самая реклама, Джеймс Бонд еще кого-нибудь убьет или, наоборот, погибнет, а я не увижу. Я ее уже тогда не полюбил.

Знаете, почему Лондон сегодня – один из самых красивых городов мира? А там нет наружной рекламы, так называемой «наружки». Поэтому видим мы старую благородную архитектуру, а не бордельных девок в лифчиках и с дрелями в руках. Да, кто-то там, в Лондоне, серьезно недополучает. У нас этот номер не проходит. Девка должна быть максимально раздета независимо от того, что она в данный момент рекламирует – нижнее белье или строительные материалы. В Питере наконец сняли с Невского растяжки (спасибо Саше Розенбауму) – боже, как хорошо стало!

В Каннах ежегодно проходит фестиваль видеорекламы «Каннские львы». И призы получают необыкновенно остроумные, блестяще снятые работы. Только у меня ощущение, что к повседневной рекламе, которой фаршируют наши головы, эти работы имеют такое же отношение, как произведения высокой моды к повседневной одежде – очень красиво, но видим мы это только на подиуме. А в жизни – вот что.

Я представляю, как клиент заказывает производителю рекламу: она должна быть точно такая же, как у конкурента (потому что она у него, у собаки, работает!), только лучше. Задача ясна? И вот бесконечным потоком льется слегка замедленно в кружку пенное пиво на красивом контровом свете – только названия меняй! Думаете, это пиво льется? Это подкрашенный глицерин с шампунем. Реклама вся соткана из вранья. Геббельс говорил – ложь должна быть огромна, иначе ей не поверят. «Рекомендации лучших стоматологов!» Каких стоматологов, кто их видел? И кто сказал, что они лучшие? И где эти самые рекомендации? «Черная карта» – будешь счастливой! В самом деле? Только девочки? «Якобс Монарх» – сближает! Да неужто? А остальные сорта кофе, видимо, разделяют? Или сближают, но не так активно? Там что, виагра? «Самая вкусная защита от кариеса!» Неужели правда защищает? И при этом самая вкусная? Чтобы вранье приобрело видимость правды, в рекламу необходимо вставить цифры – любые, они на нас, дебилов, действуют. На 15 процентов сильнее! В 3 раза дольше! В течение 24 часов! Прощайте навсегда, восемь признаков старения! Кто их считал?! А когда врать уже нечего и даже цифру стыдно употребить, на помощь приходят слова: «Автомобиль «Волга» – впечатляющая динамика разгона!» Действительно, впечатляет. Вроде бы запрещено в рекламе использовать детей и животных – они не умеют врать и поэтому обезоруживают. Ну это где нельзя, а где и можно – и чудно врут и кривляются в этой жвачке и дети, и собачки, и кошечки. И ничего.

Одно утешает – как вспомню недавние партийные дебаты – понимаю, что всё на свете относительно. Нет предела совершенству.

Нечаянная радость

Или, скажем, так: ты уже знаешь, что там, куда ты летишь, будет тепло и солнечно, и даже зимнюю куртку оставил в машине в Шереметьеве, и все равно – выходя на трап, задыхаешься от того, насколько тепло и солнечно, и как пахнет морем, потому что вот оно, море, и от того, какое над всем этим синее небо. Над Москвой никогда не бывает такого синего неба, даже когда оно синее, мы смотрим в Москве на небо через мутный слой выхлопных газов и еще всем этим дышим, и думаем, что вот оно, синее небо, а оно на самом деле совсем не такое! Не знаю, как на вас, а на меня наличие или отсутствие солнца над головой влияет со страшной силой. По-моему, серое дождливое утро – уже повод начать войну. А от солнца люди делаются лучше и добрее. И сразу хочется гулять.

Я очень люблю гулять по городу. Без определенной цели, никуда не торопясь. Украдкой разглядывать прохожих, заходить в магазины, если вдруг увидел в витрине что-то диковинное, останавливаться в уютных кафешках, чтобы махнуть рюмочку – чуть-чуть. Я люблю это делать и на родине – особенно в мае, когда листья распускаются, асфальт сухой и девушки скинули лишнюю одежду, скрывающую красоту: как бабочки вылупились из куколок. А только на родине по понятным причинам я этого удовольствия практически лишен. Пожалуй, только поэтому я люблю бывать за границей.

Поверьте, я не кокетничаю. Когда-то, в юные годы, на самой заре известности, мне очень даже нравилось, что меня узнают: идешь по стриту, а девушки провожают тебя такими особенными взглядами. А вот сегодня от этого очень портится настроение. И даже не оттого, что теперь это в основном не девушки, – просто беспардонное вторжение в твое личное пространство раздражает. Двух-трех человек я еще выдерживаю, а потом праздник бесповоротно заканчивается.

С москвичами, кстати, последние пару лет стало легче: узнают, конечно, но не бросаются на тебя с дикими криками и фотоаппаратом наперевес. То ли уровень культуры вырос (хотя с чего бы?), то ли уровень общего пафоса: подумаешь, артист, у нас тут все артисты. Меня, в принципе, устраивает и то и другое. К несчастью, в Москве масса приезжих.

Узнавание в разных местах проявляется по-разному. В Одессе, как правило, деликатно – неслышный подход сзади, негромко на ухо: «Или я ошибся?» Гражданин средней полосы России, не искалеченный цивилизацией, ведет себя необъяснимо одинаково: он догоняет тебя, забегает вперед, останавливается в нескольких метрах, чтобы ты не мог достать его ни рукой ни ногой, и, указуя на тебя перстом, как можно громче произносит: «Макаревич!» Причину такого поведения я объяснить не могу. Возможно, он хочет поделиться нежданным счастьем с человечеством. Здесь очень важно не сбиться с шага и не позволить дрогнуть ни одному мускулу лица. Тогда он может подумать, что обознался. В противном случае придется останавливаться, расписываться ему на сторублевке, потом фотографироваться, причем просить, чтобы он не клал руку тебе на плечо – мы не настолько знакомы, – а за это время набегут еще четверо таких же. Жена моя удивляется – почему у меня такая быстрая походка? А вот поэтому.

Причем наши люди остаются нашими людьми везде. Артист Укупник рассказывал, как однажды он решил прогуляться по Брайтон-Бич. Неожиданно кто-то сзади плотно взял его голову двумя руками и резко развернул на сто восемьдесят градусов, чуть не свернув шеи. Одновременно Аркадий услышал крик: «Изя, снимай скорее, пока я его держу!»

А вчера в аэропорту одна очень красивая девушка просто взяла и улыбнулась чудесной улыбкой. Всего-то навсего.

Господи, как хорошо!

Ко Дню святого Валентина

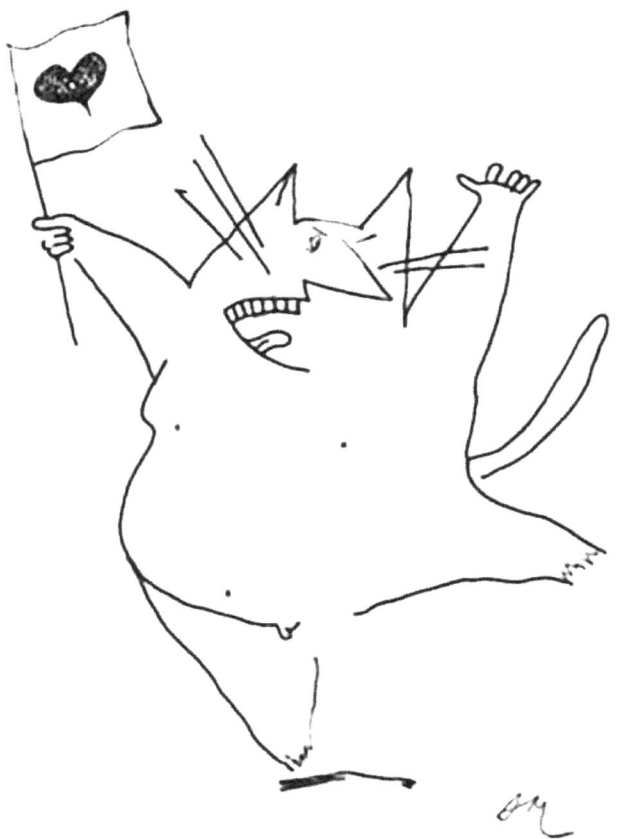

Наша тяга к праздникам необъяснима и безгранична. Если бы где-нибудь в Новой Гвинее существовал День людоеда, мы бы его всенародно отмечали, не сомневаюсь. Наряжались бы, ходили, щелкали зубами. А че, прикольно. Но я сейчас не о святом Валентине, мир его праху. Я о любви.

Бывает ли взаимная влюбленность? Ну да, у Шекспира. Кстати, помните, чем кончилось? В жизни в девяноста девяти случаях из ста влюбленность – чувство одностороннее. Неразделенная влюбленность – это ад. Единственный ее плюс – то, что рано или поздно она проходит. В то же время благосклонно принимать эту самую влюбленность, не испытывая ответных чувств, как-то, простите, подло. Хотя довольно часто из этого вырастают вполне благополучные семейные истории. И чаще всего держатся они на привычке, сцементированной годами. Замена счастию она.

Любовь к детям, в общем, взаимна. Если забыть, как часто мы мучаем друг друга. Они нас – своей детской жестокостью, мы их – своим непониманием. Лет в четырнадцать, когда нашим детям начинает казаться, что они уже всё могут сами, родительская любовь превращается в чудовищную обузу – надень шарф, съешь хоть что-нибудь, прекрати курить, обязательно позвони, а кто эта девушка? Иногда спасает воспитание. Дорогие мои старики, дайте я вас сейчас расцелую. Давай заходи, сними ботинки, целуй. И беги. Летом увидимся.

Любовь к Всевышнему. Возлюби Господа своего. Не знаю, правда, как любовь может совмещаться с «прости» и «помилуй». И еще с «побойся Бога». Ибо боящийся несовершенен в любви. С трудом представляю себе любовь раба к своему хозяину, если мы говорим о Любви. Остается надеяться, что Всевышний любит нас. Хотя, судя по тому, что происходит…

Любовь к Родине. Тут надо разделить любовь к партии, правительству и лично товарищу Сталину и любовь к березкам. Если говорить о первой части, то уж тут-то про взаимность следует забыть. Раз и навсегда. И не тешить себя иллюзиями. Как бы государство ни лезло к нам со своей любовью – с мылом или без. Любовь к березкам – явление глубоко мистическое и заслуживающее отдельного серьезного изучения. А по поводу взаимности – вы правда верите, что березки, те, которые еще остались, любят нас? С чего бы?

Осталась любовь к нашим братьям меньшим – кошкам и собакам. И тут их любви к нам можно поучиться. Хотя бесполезно – не научимся. А наша любовь к ним не мешает нам выбрасывать их на улицу, а молодым недоноскам, именующим себя красивым словом «догхантеры», – стрелять по ним из разного вида оружия.

И, заметьте, при всей своей святой любви ни кошки, ни собаки не отмечают День любви к хозяину. Как-то без показухи.

В общем, с Днем святого Валентина вас, ребята. Наливай.

Оборотень

История эта, абсолютно подлинная, произошла пятнадцать лет назад и уже была описана ее участником режиссером Александром Стефановичем в одной из его книг. Но, будучи человеком, не лишенным способности к художественному вымыслу, он несколько видоизменил ход событий. Я же предоставляю вам возможность ознакомиться с тем, как все происходило на самом деле. Мне кажется, события эти не нуждаются в приукрашивании.

Итак, двадцать лет назад мне позвонил мой приятель Саша Стефанович и предложил поехать на дачу к его приятелю, захватив с собой шашлыка и девушек. Был выходной день, стояла дивная ранняя весна, в воздухе пахло набухшими почками и разными приятными внезапностями, и затея выглядела вполне уместной. Со Стефановичем мы тогда участвовали в создании фильма «Начни сначала» – он как режиссер, а я как исполнитель главной роли, и общались мы практически ежедневно. На вызов подруги оставалось немного времени, я на том отрезке жизни находился в состоянии абсолютно свободного полета, погода за окном требовала смены флагов и новизны ощущений, и я позвонил девушке, которую видел лишь однажды в компании своего знакомого – я знал только ее номер телефона, то, что она работает переводчицей, имеет яркую нестандартную внешность и что зовут ее, допустим, Ира. Ира легко согласилась, через час на своих «Жигулях» за мной заехал Стефанович с подругой Аллой, мы подобрали по дороге Иру, заехали в шашлычную, купили мяса и вина и двинулись за город.

Погода, как я уже говорил, стояла великолепная — снег сошел, асфальт наконец высох, в редких лужах отражалось безоблачное небо, орали птицы. Девушки на заднем сиденье мило щебетали — меня всегда поражала эта вот способность незнакомых между собой девушек моментально находить общий язык и темы и уже через минуту болтать так, как будто дружат они с рожденья — у мужиков так не бывает.

Город быстро кончился, мы катились по каким-то плоским дачным пространствам — везде намечалось возвращение к жизни, — потом миновали большое поле и остановились у одинокого дома, стоящего у перекрестка двух дорог. Во все стороны от небольшого участка уходили поля, покрытые едва выбивающейся травкой и вызывающие в сознании полузабытое слово «зяби», деревьев ни на участке, ни вокруг не наблюдалось — как, впрочем, и других дачных строений. Я еще никогда не видел так одиноко и открыто стоящей дачи — было ощущение, что человек просто отхватил кусочек поля и построил посреди него дом. Останавливаюсь я на этом так подробно только потому, что для дальнейшего хода событий это имело большое значение.

Дача оказалась большой, но несколько недостроенной — из всех помещений только гостиная и спальня хозяина находились в жилом состоянии, что, кстати, исключало возможность интимной части продолжения банкета. Нас это, тем не менее, не особенно огорчило: мы нюхали весну, радовались солнцу, разожгли мангал, расположив его среди остатков строительства, попивали легкое сухое, говорили о ерунде —

в общем, чувствовали себя превосходно. Хозяин дачи оказался милейшим человеком.

Скоро стало темнеть, потянуло прохладой, на небо выкатилась огромная светлая луна, и мы перебрались в дом. Хозяин растопил камин — невиданная по тем временам роскошь! — и мы расселись перед ним, глядя в огонь и негромко беседуя. Через некоторое время я заметил в поведении Иры некоторую странность: несмотря на то что она практически не пила, состояние ее стало меняться — то она вдруг приходила в крайнее возбуждение и начинала ни с того ни с сего, захлебываясь, рассказывать о деталях женитьбы принца Чарльза, то вдруг, не договорив, впадала в какой-то ступор. Она не вписывалась в плавное течение нашей беседы. Прошло еще какое-то время, и мы не сразу заметили, что Иры в комнате нет. Не оказалось ее и в спальне, и в туалете — это мы обнаружили получасом позже, когда все возможные мотивы краткосрочной отлучки человека из компании отпали сами собой, и мы решили ее поискать.

На дворе было уже по-настоящему холодно, изо рта шел пар, и я пытался понять, что может так долго делать девушка в легком платье на улице. Впрочем, на улице ее тоже не было. Не было ее ни на дороге, ни в полях — луна ярко освещала пространство, и движения в нем не наблюдалось. Еще полчаса мы кричали в пустоту, понимая полную бессмысленность наших действий — видно вокруг было дальше, чем слышно, — и даже с помощью фонаря осмотрели яму, которую хозяин вырыл на участке для устройства над ней дачного сортира: никого.

Скоро мы окончательно замерзли и вернулись в дом, совершенно ошарашенные — трагедию бить было еще рано, но разум отказывался давать хоть какое-то объяснение происходящему. Сумочка Иры и ее болоньевая куртка лежали на кресле, поэтому версия, согласно которой она вдруг, не попрощавшись, уехала домой, отпадала – да и уехать-то отсюда было не на чем. Я стоял спиной к окну и пытался рассуждать вслух на эту тему, когда вдруг почувствовал на себе чей-то взгляд – сквозь стекло на меня смотрела очень большая немецкая овчарка. Она опиралась передними лапами на подоконник и стояла совершенно неподвижно. Я сказал «немецкая овчарка», потому что мы находились в цивилизованной дачной местности, и слово «волк» просто не могло прийти в голову. Все повернулись к окну, немая сцена продолжалась еще несколько секунд, потом животное беззвучно оттолкнулось от подоконника и исчезло. Мы вывалили на двор, но зверь как будто провалился сквозь землю. Хозяин дома растерянно повторял, что никогда таких, да и других собак он тут не видел. Поскольку было совершенно непонятно, что делать – ждать, уезжать, вызывать милицию, – решили попить чаю.

Еще через пару минут дверь отворилась и вошла Ира – радостная и спокойная. Она выглядела так, как будто на эти пару минут выходила покурить, и, когда мы на нее набросились, ничего не могла понять. Она утверждала, что вышла подышать ненадолго, гуляла по участку и никаких криков не слышала. Нас отпустило (жива, и слава богу!) и, как это часто бывает после нервного напряжения, потянуло на шутки. «А собака?» – коварно спросил я. «Какая собака?» – сощурилась Ира. Она не видела никакой собаки и упорно отказывалась шутить на эту тему. Но нас было уже не остановить. Когда все версии превращения девочки в собаку и наоборот были озвучены, я вдруг заметил, что Ира сильно побледнела, закусила губу и еле себя сдерживает. Чтобы сменить тему и снять напряжение, я сказал: «Ну ладно, если ты говоришь, что все это чепуха, — перекрестись на икону, и дело с концом!» У хозяина действительно висело на стене несколько икон. «Да пожалуйста!» — ответила Ира, быстро подошла к иконам и резким движением перекрестилась. Левая рука у нее при этом находилась в кармане. Не знаю, что меня дернуло схватить эту руку и вырвать ее из кармана. Пальцы были сложены в кукиш.

Дальше происходило следующее. Ира отвернулась лицом к стене и совершенно чужим голосом потребовала немедленно отвезти ее в город. Шутки кончились. Мы имели дело с чем-то нам неведомым и неподвластным. Мы наспех попрощались с хозяином, всю дорогу Ира смотрела в окно, закрыв от нас лицо, не проронила ни слова (да и обращаться к ней было страшновато), на Окружной попросила остановиться и выскочила, хлопнув дверью.

Больше я ее не видел.

Подушкино, 2001

Еще раз про евреев

Про евреях уже написано столько, что касаться этой темы — моветон. И всё-таки — что такого особенного в этой нации, заставляющего разные части человечества то и дело поворачивать удивленные и раздраженные головы в их сторону? В чем секрет этого болезненного интереса? Отношение к евреям мне напоминает отношение шестиклассника, неосознанно и безнадежно влюбленного в красивую отличницу, — он бьет ее портфелем и дергает за косы. Что заставило молодого художника Шикльгрубера настолько возненавидеть проходящего по улице еврея, что он чуть было не лишил мир этой нации? Они что, вырезали его семью? Да нет, они вообще к тому времени человеческой истории никого не завоевывали (да и сегодня отбиваются). Мирно ушли из Египта. Попросившись неоднократно. Рассеялись по миру? Так их гнали. Итальянцы тоже рассеялись по миру (а было дело – этот мир и завоевывали). И чего? Конечно, фашисты уничтожали и русских, и белорусов, и кавказцев, но только евреев уничтожали за то, что они евреи.

Ну да, видели Бога. Сами. И Бог говорил с ними. И передал Скрижали – из рук в руки. Это, конечно, обидно. Но с другой стороны, древние греки со своими богами вообще жили запанибрата – и ссорились и обнимались – и ничего! (Правда, греки – со своими, а евреи – с нашим, с Единым. Действительно обидно.) Что еще? Нашего Христа продали? Ну, во-первых, не без помощи Рима, а во-вторых, это, грубо говоря, их внутренние разборки. Может, их не любят за их исключительную талантливость? Перестаньте. Очень распространенный тип еврея – громогласный бездарный идиот, все встречали. И скрипачи есть китайские, и ученые русские, и битлы английские. Нет, не в этом дело. Может, дело в семейственности, во взаимопомощи? Да нет, на Кавказе да на Востоке это дело посильнее будет, а у тех же итальянцев вообще семья знаете как называется? Мафия! Может, секрет в спасительной самоиронии? Нет, этим чувством вполне наделены и грузины, и англичане, и французы – вспомните кино.

Наша Великая Сакральная Русская Народная Кабацкая Эстрада – от Вяльцевой и Паниной через Дмитриевича к Бабкиной, Ротару, Шуфутинскому и Сукачеву – на самом деле, по точному определению Троицкого, «еврейско-цыганская калинушка». Я о музыкальных корнях. Наш любимый народом и теперь уже почти государственный блатной язык наполовину состоит из слов еврейских – нет, не одних скрипачей родит нация! (Три примера, с ходу пришедших на ум: «шмон» – это на иврите «восемь». В восемь часов на зоне шмонали. «Халява» – это молоко. Его бесплатно раздавали в синагоге бедным в шабат. А «шабат» – это время шабашить. Достаточно?)

А ведь я, кажется, знаю, что отличает их (простите, нас) на самом деле. Вы когда-нибудь видели, как еврей относится к своей маме? «Видели» – тут плохое слово. Чувствовали? Это любовь, которая не поддается описанию. Поэтому она не афишируется, ее не выносят на флаг. Это любовь до самой смерти. Не маминой, нет. Твоей собственной.

Может, в этом главный секрет?

Позитив

Мне позвонили из редакции журнала и сказали, что хорошо бы написать что-нибудь позитивное. И я сел за стол и стал настраивать себя на позитивный лад. Оказалось, что это совсем не так сложно, как я предполагал. У меня почти получилось. Осталось исправить какие-то мелочи. Даже стыдно говорить.

Во-первых, хочется нормальную весну. Ровную. Раннюю или не очень – неважно. Весну с человеческим лицом. Чтобы не было сегодня плюс пять, а завтра – минус двадцать. Стабильности хочется, одним словом. Без наводнений и новых народных бедствий.

Еще хочется, чтобы мы все немного успокоились. Перестали пулять друг в друга из травматики по всякому поводу и без повода вообще. Мы не так безнадежно плохо живем. Я помню времена, когда мы жили значительно хуже. Причем все. Видимо, поэтому было не так заметно. Мне тут одна молодая проводница в поезде жаловалась на жизнь – вынуждена ездить на «Ладе Калине»! Представляете? «Тебя бы в год эдак семьдесят восьмой, – думал я, – поездила бы».

Еще очень хочется, чтобы что-то произошло с нашими пробками. А я знаю, что для этого нужно. Бросьте, вы тоже знаете. Правильно: чтобы при проезде первых лиц государства наш город, включая МКАД, останавливали бы не на полдня, а хотя бы минут на пять. Так, как это делают во всем мире. Нет, я все понимаю – пусть едут. Но зачем на полдня?

И еще: почему на волне «Радио-джаз» (а это одна из очень немногих станций, которым позволено вещать у меня в машине) такая волшебная, такая великая музыка каждые десять минут перебивается такими чудовищными, пошлейшими фразами? Про то, что жить – хорошо, а красиво жить – еще лучше; про то, что джаз – скромное обаяние буржуазии? Ну почему? И я каждый раз хватаюсь за ручку громкости и пытаюсь увернуть хоть хвост этой мерзости, потому что меня рвет, – и не успеваю: он уже сказал! Как за шиворот плюнул. Я не знаю, кто там главный на этой станции, если кто с ним знаком, скажите ему – ну нельзя так! Вдруг послушает.

В целом почти все. Есть, конечно, еще вопросы, но начать можно с этого. Вот исправить эту ерунду – и я вам такой позитив выдам! Закачаетесь.

Я где-то недавно прочитал современное определение счастья: «Счастье – это когда тебе все завидуют, а сделать ничего не могут». Смешно. Но я счастье вижу совсем иначе: это когда тебе так хорошо, что другим от этого тоже делается лучше. Потому что согласно волновой теории счастье – это тоже род волн. А волны распространяются. Я видел такое, поверьте. Неоднократно.

Улыбнитесь, черти! Весна на дворе!

Про обиду

Даже странно, что среди заповедей Господних отсутствует «Не обижай». Ибо правильно, профессионально обиженный человек может наломать ой каких дров. Обида в каком-то смысле опасней оскорбления: тут все явно, снаружи, а обида – вещь внутренняя, с ней сложнее. Давайте для начала отбросим обиды, нанесенные друг другу непредвзято. Нас много, все мы дерганые, все тремся друг о друга, иногда бывает больно. Ну извините его. Он не хотел.

Далее – обиды, нанесенные действием. Он изменил, она обманула, он не позвонил, она разбила, он толкнул – понятно, да? Остановимся на обидах, нанесенных словом. Вербально, так сказать. Причем сознательно. И вот тут начинается самое интересное. Ибо обиды эти весьма различаются по половому признаку.

Короче. Если мужчина хочет обидеть женщину, он говорит ей, что она:

– Дура.
– Толстая.
– Совершенно лишена вкуса.
– Только тряпки на уме.
– Болтает где попало о чем не надо.

И т. д. и т. п.

Любопытно, что многие из этих обвинений могут вполне соответствовать действительности. (Интересно, что сильнее обижает – правда или неправда?)

Если женщина хочет обидеть мужчину, она сообщает ему одну-единственную вещь – что он, скажем так, не слишком хорош в постели. И все. Ну или что-то совсем вокруг этого («Ты ничтожество! Ты даже в постели…»).

Мужчина потрясен. Ему никто такого раньше не говорил. Самому в голову не приходило. Даже наоборот – ему-то казалось, что есть чем гордиться. И вот тебе раз. И когда первый шок от услышанного пройдет, ему непременно захочется сверить свою самооценку с реалиями сегодняшнего дня. В мировом масштабе, так сказать.

И вот тут-то он столкнется с интереснейшим обстоятельством. Оказывается, сам себя он оценить не может – это каким таким образом? Оценить его (а оцениваем мы, сравнивая) может только женщина. А она, собака, никогда не скажет правду. Ибо если она хочет заслужить его благосклонность или просто сделать приятное – она назовет его лучшим мужчиной на свете, а если хочет унизить – далее по списку. И в том, и в другом случае это будет преувеличение. Но это нам с вами понятно – сейчас. А впечатлительный мужчина, обнаруживший, что ему никогда не узнать правды, теряет сон, аппетит, остатки волос, былую удаль, на женщин смотрит с отвращением, болеет, меняет ориентацию, вешается. В стране демографическая катастрофа.

И вот что еще любопытно – мужчине, как правило, даже при сильном желании обидеть, не придет в голову обвинить женщину в сексуальном несовершенстве. А если и придет – это не произведет на нее должного впечатления. Во всяком случае, такого сокрушительного.

Странно, правда?
Может, попробуем друг друга не обижать?
Хотя бы сознательно.
Хотя бы вербально.

Таймс-сквер

Площадь Таймс-сквер раположена в самом центре Сан-Франциско. «Сквер» по-английски – это не сквер, а как раз площадь. Хотя скверик там тоже есть – в самом центре, который приподнят, как постамент, ступеньками. На ступеньках сидят люди – загорают, пьют кофе, уткнулись в компьютеры. Площадь квадратная, окружена неширокими, в четыре ряда, улицами. Никаких пробок – утром приехали люди, расставили машины по паркингам, которых вокруг великое множество, и пошли работать. Нам недавно один государственный дядя объяснил, что пробки в Москве – это хорошо: они свидетельствуют о высокой деловой активности города. Ну конечно – какая деловая активность в Сан-Франциско? Деревня.

Одну сторону площади украшает пафосный фасад гостиницы «Вестин». Гостиница старинная, гигантская, занимает целый блок – по-нашему квартал. Построена она в конце позапрошлого века – заря прогресса, золотая и каучуковая лихорадка, наивный триумф человечества. Каждая колонна, каждая бронзовая ручка дышит этим триумфом. Центральный холл размерами и сводами купола напоминает Казанский вокзал. Купол хотели расписать под итальянское Возрождение – если вглядываться в детали, получилось не очень, но в целом производит впечатление. По первому этажу идут галереи с магазинчиками на все четыре стороны квартала, с непривычки можно заблудиться. В конце одной из галерей – большая ниша со сводом, как придел у церкви. Утром, проходя по этой галерее, я издалека услышал пение. Без всякого аккомпанемента и очень украшенное акустикой помещения. Пение доносилось из ниши. Я пошел на звук. В нише располагалось старинное кресло для чистки обуви, больше похожее на трон. У подножия сидел чистильщик – черный дядька лет пятидесяти. Глаза его были мечтательно закрыты. Он пел и иногда прищелкивал в такт пальцами. Он пел восхитительно. И дело было не в вокальном мастерстве или особой красоте голоса – просто ему было хорошо. Я не выдержал и зааплодировал. Он открыл глаза, улыбнулся и поклонился – с достоинством. После чего снова закрыл глаза и запел.

Три дня я жил в отеле, и три дня я слышал его пение – Рэй Чарльз, Нэт Кинг Коул, Пресли, «Битлз». Замолкал он только в те редкие моменты, когда в кресло к нему забирался клиент, – а вдруг его раздражает? Но это происходило нечасто – по-моему, никто не хотел его отвлекать.

Я бы забыл эту историю, если бы неделю спустя стюардесса американской авиакомпании после дежурного объявления (леди и джентльмены, наш самолет совершил посадку в аэропорту и т. д.) вдруг не пропела в микрофон гимн своей авиакомпании. Гимн достаточно идиотский, похожий на «Трансаэро, Трансаэро…». Но спела с таким вдохновением и верой, что салон взорвался овацией. И все улыбнулись.

Тенденция, что ли?

Улыбка

А давайте, господа, поговорим о природе улыбки. Вообще.

Врачи утверждают, что улыбка – наиболее естественное состояние мышц нашего лица. По-моему, ерунда. Иначе мы бы все спали и умирали с улыбкой на лице. И вообще – иногда, чтобы улыбнуться, приходится затрачивать очень большие усилия. Особенно у нас. Вот американцев учат улыбаться с детства. Даже, наверное, не очень-то и учат – они просто среди этого живут и по-другому уже не могут. Вообще здорово, но у нашего человека недели через две по этому поводу могут начаться приступы немотивированного бешенства. Чего они, в самом деле? В нашем понимании для улыбки должна быть как минимум причина. Кстати, могу вас утешить – последние годы американцы улыбаются значительно реже и уже не так широко – жизнь стала тяжелее. Немного.

Один мой знакомый киллер предостерегал меня по поводу улыбок. Улыбка располагает к себе и обезоруживает, и этим часто пользуются. Человек улыбается, а через секунду может всадить тебе пулю в лоб – когда ты этого совсем не ждешь. Наверно, с профессиональной точки зрения киллер прав, хотя, мне кажется, в такой ситуации уже не очень важно – ждешь ты или нет, результат все равно один.

В нищей, голодной, болеющей всеми болезнями Индии люди улыбаются постоянно. Причем это не формальная американская улыбка, не знак вежливости. Индусы улыбаются не тебе или, во всяком случае, не только тебе – вообще миру. Видно, что это их способ отношения к жизни, и само ее качество не имеет тут никакого значения. В Африке не совсем так. Там улыбка – реальный показатель настроения человека: значит, ему действительно сейчас хорошо или весело. Отношение к жизни у африканцев гораздо более детское, чем у нас, я им даже завидую. Во многом это связано с верой, представляющей собой восхитительную смесь из вуду, прочего древнего язычества и завезенного европейцами христианства, причем последнее явно проигрывает, сколько бы храмов им ни строили. Еще совсем недавно в Мозамбике полицейский имел все основания арестовать человека, несущего лошадиную ногу (уже хорошо, правда?), так как лошадиная нога необходима для в общем-то простого дела – вызова с того света покойного (обычно в таких случаях обращаются к умершему родственнику), а он, в свою очередь, нужен для того, чтобы кому-то отомстить или кого-то наказать – а это не по закону. Сам тот свет находится ни на небе, ни под землей, а на самой Земле, где-то за рекой или за лесом (интересно – в русском язычестве та же картина!), и существование его для жителя Африки так же реально, как существование мира живых. Поэтому, кстати, переход человека из одного мира в другой никакой печали у африканца не вызывает – абсолютно ясно, что усопший просто сменил место жительства и что ему сейчас гораздо лучше, чем нам, оставшимся, – на том свете живут, конечно, лучше. И провожают покойного, как на новую квартиру – без страданий, слез и даже с некоторой завистью. Из этих веселых негритянских похорон в Новом Орлеане в свое время родился диксиленд – дедушка сегодняшнего джаза. Что-то в этом есть, да?

И вообще – белозубая улыбка на шоколадном лице – это просто красиво.

Даже без передних зубов.

О природе смешного

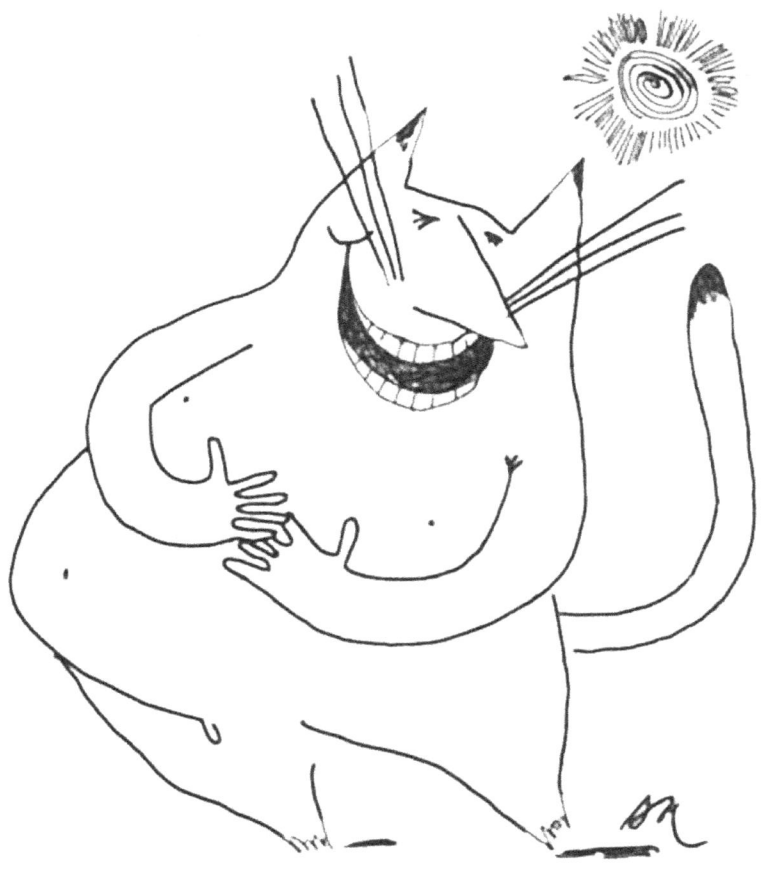

Юмор – одно из самых необъяснимых явлений природы. Юмор иррационален. Человечество бьется над загадкой юмора столетия. Результат – ноль. Вот вам пример: вы видите, как человек ударил палкой другого человека. Вам неприятно и даже страшно – вы прямо физически ощущаете, как эта палка опускается вам на голову. Теперь представьте себе, как один клоун бьет другого в провинциальном шапито – совсем не страшно, но и не смешно. Скучно. А теперь вспомните, как это происходит у Чарли Чаплина. В чем секрет?

Чувство юмора живет в нас само по себе (если, конечно, живет). Оно неконтролируемо, как эрекция. Смех сдержать труднее, чем слезы. Смех, правда, бывает еще от щекотки. Я о юморе.

Человек – единственное существо в мире, которого Бог наградил этим чувством. Животным оно не присуще. Вы когда-нибудь видели хохочущую корову? Шутящего льва? Я видел улыбающихся собак, но это было скорее от радости. Это другое.

Развить в себе чувство юмора невозможно. Можно накачать мышцы, изучить историю искусств и высшую математику, овладеть мастерством игры на мандолине. С юмором бесполезно. Он, как лысина, – или есть, или нет.

В годы моей юности очень популярна была книжка Джозефа Хеллера «Уловка-22» – такой американский вариант бравого солдата Швейка. Существовало два советских издания этой книжки с разными переводами. Переводы были очень похожи, местами практически идентичны: только один был невероятно смешной, а второй – несмешной совершенно. Я открывал обе книжки на одном и том же месте, сравнивал тексты и недоумевал – ну почему? Где эта самая смешинка?

Нет ничего страшнее, чем несмешной юморист. Это кара божья. Просто плохую книжку ты равнодушно закроешь, а от несмешного юмора тебе сделается тошно. А если этот юморист еще шутит с эстрады – я, например, испытываю мучительное чувство стыда. Объяснить не могу.

У Даля: «Юмор – веселая, острая, шутливая складка ума, умеющая подмечать и резко, но безобидно выставлять странности нравов или обычаев». Ну да, всё верно, но секрет не раскрыт. Словарь Ушакова: «Незлобивая насмешка, добродушный смех». И всё? А вот у Фасмера действительно интересно: «Юмор – от англ. humour, то же, что и лат. humor – влажность. Развитие значения становится ясным на основании учения средневековой медицины о соках тела, которые определяют темперамент человека, сравните выражение – «сухой человек».

Может, правда дело в соках?

Я боюсь людей, лишенных чувства юмора. Хотя понимаю, что среди них масса положительных, добропорядочных и иногда исключительно начитанных граждан. Меня не покидает ощущение, что все беды человечества – от них.

Ну, большая часть.

И я всегда вспоминаю Горина – «Улыбайтесь, господа! Серьезное выражение лица – еще не признак ума!».

А вот улыбаться научиться можно. Попробуйте.

Увидите – будет лучше!

Манхэттен

Я безумно люблю Манхэттен. Если кто-то из моих друзей оказался в Нью-Йорке впервые, я веду его на Манхэттен, и переживаю его радость и изумление вместе с ним, и вообще чувствую себя так, как будто я имею к созданию этого самого Манхэттена какое-то отношение. С чего бы это?

Я раньше думал – люблю за архитектуру. Эти великие небоскребы, рожденные небывалым полетом инженерной и художественной мысли, из зданий будущего на наших глазах превратились в милое ретро – как же летит время! И город приобрел новое обаяние: нигде в мире больше нет такого ансамбля ретронебоскребов (наши сталинские высотки, одиноко торчащие из коровьей лепешки старой Москвы, считать не будем). Вот интересно, строят на Манхэттене новые, современные высотные здания – земля-то на вес золота! – а они уже из другой эстетики. Такие сейчас строят везде – и в Китае, и в Сингапуре, и все они какие-то инкубаторские, хотя и разные, – дух изменился, мир изменился. А старый Манхэттен стоит.

Теперь понял – конечно, за архитектуру тоже, но главное – за другое: на Манхэттене как нигде чувствуется пространство личной свободы каждого человека, по нему идущего. Независимо от плотности потока. Мало того, ты вдруг понимаешь, что и ты окружен таким же собственным пространством. Надо же, а в Москве ничего похожего не ощущалось! Пространство – это не мало и не велико и имеет четкие границы, как кокон, и находиться внутри него – очень непривычное и совершенно божественное ощущение. Поэтому обязательная поголовная рациональная вежливость. (Помню, любили у нас сетовать на то, что американцы же неискренне улыбаются. Конечно, неискренне – это форма общения. И лучше формальная улыбка, чем искренняя злобная харя.) Поэтому ты можешь выйти на Бродвей в розовых колготках и с ведром на голове – никто на тебя не посмотрит. До тех пор, пока твой демарш не начнет задевать пространства личной свободы других граждан – тут тебе быстро объяснят, где ты неправ. Поэтому – калейдоскоп наций, оттенков кожи, акцентов – и все равны, даже бродяга, с достоинством стреляющий мелочь у прохожих. Лозунг «Америка для белых» умер где-то полвека назад. Примерно на столько мы от них и отстаем. Поэтому энергия города очень схожа с московской, и градус ее столь же высок, но при этом она совершенно лишена негатива и агрессии, висящих над москвичами черной тучей. Да нет, конечно, хватает и тут проблем, в том числе и этнических, и любой американец будет рассказывать вам о них до утра – я говорю об ощущении человека, приехавшего издалека и вышедшего на Манхэттен.

Манхэттен, спускаясь к океану, делится на несколько маленьких миров – Гринвич-Виллидж, Чайна-таун, Сохо. Они разные, как планеты, по которым путешествовал Маленький Принц, и надо просто перейти улицу, чтобы попасть из одного в другой. Каждый со своей историей, культурой, архитектурой, населением. Гулять по этим мирам – наслаждение. А дальше за мостом еще Бруклин, Брайтон-Бич…

Да, вот еще откуда ощущение там свободы. Поразительно отношение американцев к закону. Закон – это то, что избавляет тебя от необходимости думать по данному поводу. Закон – это чтобы исполнять. Нашего человека такое отношение бесит. Потому что для нас закон – это препятствие в достижении собственной цели, следовательно, закон – это чтобы обходить (ну, или нарушать – кто что любит), и поэтому думать тут как раз необходимо.

Аэропорт в Чикаго, бар, группа наших соотечественников, людей среднего возраста. Заказывают выпить. Чернокожая милая девушка за стойкой бара: «Ваши АйДи, пожалуйста». АйДи – это любое удостоверение личности, где указана дата рождения. Соотечественники в шоке – зачем?! Девушка должна убедиться, что каждому исполнился двадцать один год. Мужикам где-то под сорок, и с ними случается истерика: «Да ты на нас посмотри, дочка! Глаза разуй!» На чистом английском, разумеется. И не могут мужики взять в толк, что не надо ей на них смотреть – закон освобождает ее от необходимости определять на глаз возраст каждого посетителя бара. Да выгляди ты хоть на семнадцать, хоть на шестьдесят! Ты показал, она проверила. И всё! Ей удобно, тебе нетрудно. И ошибки исключены. Нет, мы не можем. Потому что для американцев закон – это нечто упрощающее твое существование. У нас – осложняющее. Я сейчас не о качестве законов – это второй вопрос. Я об отношении к нему как к обстоятельству жизни. Сам факт существования закона у нас вызывает раздражение. Независимо от качества. И вот ведь забавно – у них уважение к закону и при этом ощущение свободы. У нас – ни того, ни другого.

Или это потому, что у нас законы не для всех?

Однажды в Америке

Меня бесило, когда Задорнов называл американцев тупыми. Конечно, они не тупые. Они – правильные. Их правильность для них настолько же естественна, как для нас наша извечная неправильность. Это противоречие и создает порой непонимание в сфере жизненно важных вопросов. Хотя…

Дело происходило в Нью-Йорке лет пятнадцать назад. Подчеркиваю, это важно. Америка, может, и стала с тех пор поцеломудренней, но уж найти выпить на Манхэттене среди ночи сегодня не проблема. Так было не всегда.

Я задержался в городе на неделю – уже не помню, по какой причине. На то, чтобы повидать друзей, хватило двух дней, еще два ушли на шатание по музеям и мюзиклам. А потом я заскучал. И вечером шестого дня совершенно случайно встретил прямо посреди Бродвея свою старую знакомую. Пропала лет пять назад, а сама, оказывается, вот где! Мы обрадовались встрече, пошли в какой-то ресторанчик, хорошо выпили и говорили, говорили, пока нас деликатно не попросили вон по той причине, что настала ночь и ресторанчик закрывался. Мы категорически не наговорились, на улице было холодно. Подруга предложила поехать к ней (жила она в Бруклине) с целью продолжить общение. Мы сели в ее машину, и она вспомнила, что дома у нее совершенно нечего выпить. А наш уровень общения к тому моменту никак не допускал снижения градуса. И я сказал: «Давай остановимся, и я что-нибудь достану». Она посмотрела на меня с сожалением, как на больного ребенка, и объяснила, что в час ночи на Манхэттене достать ничего нельзя. Closed. Illegal.

Как это нельзя? А вот так. Здесь вам не совок. Но я вошел в раж. Вопрос начал принимать принципиальный характер. По моему настоянию мы затормозили у открытого бара — уже у самого Бруклинского моста. В баре толпился народ, за стойкой возвышалась средних лет блондинка выдающихся форм — wholesome lady по-американски. Я включил всё свое обаяние и рассказал ей историю нашей дружбы, расставания и нечаянной встречи. Будущее наше счастье оказывалось в руках блондинки и имело форму бутылки водки. Когда я окончил речь, вокруг было тихо, многие плакали. Но блондинка посмотрела на меня с уже знакомым сожалением и произнесла:

— It's illegal.

Никогда еще мой мозг не работал с такой лихорадочной скоростью.

— Позвольте, — сказал я, — мы ведь можем выпить водки у вас?

— Да, сэр, — с достоинством ответила королева.

— И целую бутылку?

— Да, сэр.

— Ну так давайте ее сюда!

— No, it's illegal.

Что теперь? Оказывается, она должна разлить бутылку на порции — получилось двенадцать с половиной стопариков по сорок граммов, точно отмерила, собака. Но я уже понял, что делать.

— Вы знаете, у нас в России не принято пить водку из этих наперстков. Мы ведь можем все это перелить в два больших стакана?

— Да, сэр, — сказала барменша, ничуть не удивившись, и дала мне два высоких стакана для колы.

— А вот теперь смотрите, — сказал я, закончив процедуру переливания и рассчитавшись, — вот сейчас я возьму в руки эти два стакана и быстро побегу с ними в сторону двери. Ваши действия?

В глазах блондинки отобразилась работа мысли, это продолжалось несколько секунд. Потом она взглянула мне прямо в душу и сказала:

— Двадцать долларов.

Возможно, это была стоимость двух пустых стаканов.

Мы ехали через Бруклинский мост, я бережно держал в руках два заветных стакана, налитых с поверхностным натяжением.

Подруга потрясенно молчала.

А вы говорите – illegal. Legal!

Лас-Вегас

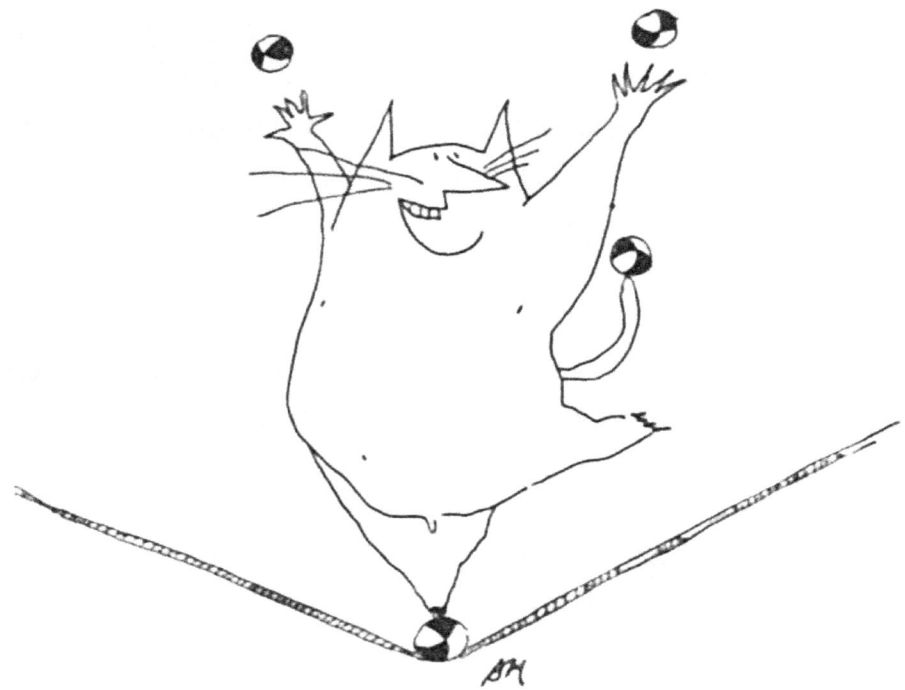

Я абсолютно лишен склонности к азартным играм. Только если родина прикажет. Видимо, потому, что радость от выигрыша меркнет перед расстройством от поражения. Поэтому сквозь бескрайние игровые пространства Лас-Вегаса я проходил совершенно спокойно, не отвлекаясь. Притом что миновать их физически невозможно – любой маршрут откуда угодно и куда угодно проложен через стандартный игровой зал размером с футбольное поле. Притом что открыты эти залы двадцать четыре часа в сутки, и, например, в бар, расположенный тут же, за перилами, с ребенком войти нельзя, а в игровой зал – ради бога.

Поражает другое: когда наконец иссякают ряды поющих каждый на свой голос игровых автоматов (зря, кстати, упразднили металлические жетоны, их теперь нет, всё на бумажках, а как они, бывало, зазывно звенели, когда кому-то улыбалась удача!), тебе открываются неожиданные и уходящие в бесконечность пространства. Неожиданные – потому что я архитектор и, находясь внутри здания, всегда автоматически представляю себе, как это выглядит снаружи. Так вот, здесь этот номер не проходит. И ты идешь по широкой улице (иначе и не назовешь, только улица эта крытая, никаких окон нигде нет, а для некой достоверности над тобой нарисовано и подсвечено небо), а слева и справа – сплошные магазины, кафе и рестораны, поэтому и нет никаких окон. Ты ждешь, что она вот-вот кончится – должна же она когда-то кончиться! – а она вдруг выходит на круглую площадь, и в центре ее римский фонтан, и от площади уходят под неожиданными углами уже три улицы, а небо всё нарисовано и нарисовано, и кафе и магазины не повторяются. А там – театры, снова игровой зал – над тобой уже другой отель, и скоро ты уже теряешь всякую ориентацию, не испытывая при этом никакого дискомфорта. Можно пройти пол-Лас-Вегаса, не выходя на воздух. Всё – игра, всё чуть-чуть ненастоящее, и сделано это не от бедности (вот уж!), а совершенно сознательно, и ты сам не замечаешь, как включаешься в эту игру. Перед моей гостиницей Эйфелева башня – совсем как в Париже, только где-то в треть размера, а дальше египетская пирамида в таком же масштабе, а потом какой-то дикий замок из диснеевского мультфильма – сочетание этой вампуки и безупречного современного дизайна интерьеров и архитектуры отелей почему-то совершенно не раздражает. Нам внушали, что Лас-Вегас — игрушка для зажравшихся миллионеров. Чушь: здесь всё рассчитано на людей самого разного достатка. И людей на вид совсем небогатых множество — со всего мира. Кризис, говорите?

Цирк «Дю Солей» — отдельная песня Вегаса. Лучшие спектакли можно увидеть только там, возить их не позволяет технология. И поставить их могут только там, потому что, родись у нас самый талантливый режиссер в мире и собери он лучших художников и артистов — не найдет он сто миллионов долларов на постановку. А найдет — не вложит: вы что, с ума сошли? А вложит — никогда не вернет: это же надо, чтобы шоу шло десять лет, да по два раза в день в пятитысячном зале, и аншлаги! Кто же к нам поедет это смотреть?

И еще что противно — солнце. С утра до вечера. Каждый день. Это если ты всё-таки вырвался на воздух. Ну почему?

В общем, стоит. Один раз в жизни. Пройти по этому чуду снаружи и внутри. Постоять у гигантских светящихся фонтанов. Посмотреть спектакль «О» — один из самых старых и лучших представлений цирка «Дю Солей». И еще десять других. Да, вот еще — ни в коем случае не садитесь играть! Зачем вам эти глупости?

О патриотизме

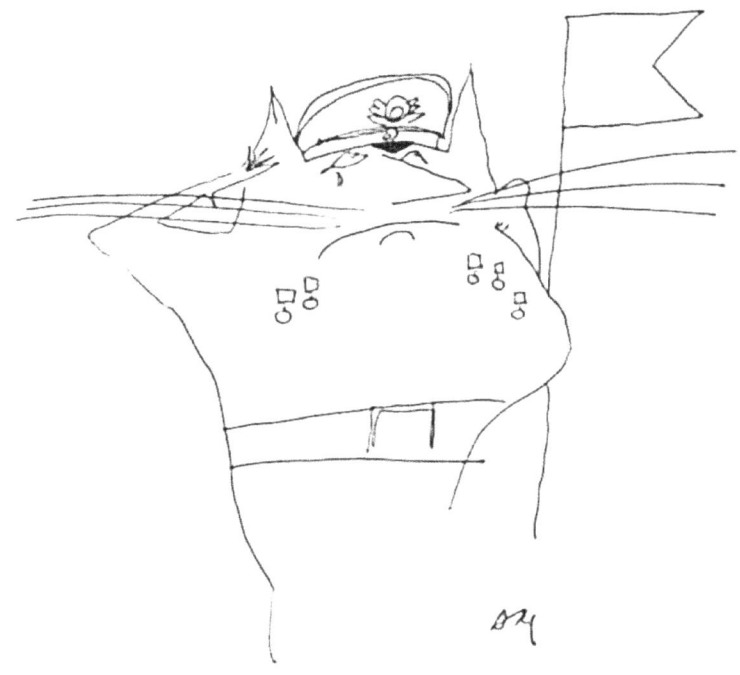

МАРХИ, институт, который я заканчивал, мой любимый архитектурный, признан неэффективным. Институт, который 150 лет учил студентов постигать Гармонию. Маяковский, Бурлюк, Данелия, Вознесенский, Ирина Архипова, Алексей Козлов – это «побочная» продукция, я намеренно не называю архитекторов. В семидесятом году, когда я поступал, конкурс был, кажется, восемь человек на место. Бывало и побольше. Я примерно представляю себе, как определить эффективность консервного завода. Как определить эффективность вуза – не понимаю, убейте меня. Или стране больше не нужны архитекторы? Будем Фостера по любому поводу приглашать?

Впрочем, я не об этом. Хотя и об этом тоже.

Сейчас много говорят о патриотизме. О том, что его нет и надо, стало быть, его поднимать. Машут хоругвями, наряжаются казаками, кричат по поводу и без повода о нашей великой истории, к которой мы не имеем никакого отношения. Ну да, слава нашим отцам, дедам и прадедам, но мы-то тут при чем?

Очень трудно поднять то, чего нет. Патриотизм – это любовь к Родине. Невозможно полюбить по приказу или в результате наглядной агитации. Можно прикинуться влюбленным, что многие с успехом исполняют. Их патриотизм не мешает им хранить наворованные миллионы в офшорах и учить детей в Лондоне. Количество вранья в атмосфере превысило все допустимые санитарные нормы.

А ведь я знаю, как воспитать патриотов. И это очень просто. Нужно просто взять очень много денег и вложить их в образование. Не в самую дорогую в мире Олимпиаду (одной десятой части хватило бы), не в показушные форумы, не в ракеты, которые завтра будут запущены в нашу сторону теми, кому сегодня мы их продаем, – в школы, колледжи, детские спортивные лагеря, стадионы. Сделать как было при советской власти, только лучше. Сделать всё образование бесплатным. Скажете, дорого? Ни фига не дорого, Советский Союз справлялся. А если и дорого, то вот как раз на этом экономить не надо. Не надо экономить на собственных детях. Поднять зарплату учителям в пять раз, чтобы перестали они в борьбе с нищетой пахать на две ставки и еще добивать репетиторством. Полицейским же подняли – и ничего, не разорилась страна. Не думаю, что учителей у нас больше. Понятное дело, демонстрации разгонять – важная работа. А учить наших детей?

И если бы наш президент решился на такое (а ведь, кроме решимости, ничего и не надо, всё остальное – вопрос техники), это был бы Поступок. И мир взглянул бы на нас с удивлением и завистью. И не надо было бы переименовывать Волгоград в Сталинград, а потом обратно и устраивать прочую клоунаду – через десять лет выросло бы поколение россиян, любящих свою Родину. Потому что любовь к Родине – с детства. Нелюбовь – тоже. А наши дети – это мы завтра.

Кто-то умный сказал: если сегодня мы не потратим деньги на образование, завтра мы потратим их на тюрьмы.

Уже тратим. Пока не разорились.

Икона

Патриарх наш, помнится, сказал – самое убедительное для него доказательство существования Господнего – это то, что люди в Него до сих пор верят.

Ну, не знаю. Почему слово «вера» сразу тянет за собой – «в Бога»? Верят же не только в Бога. В победу коммунизма, например. Или в конечное торжество мировой справедливости.

А она есть?

Интересно – самых главных, базовых слов словари избегают. А в Большом энциклопедическом написано: «ВЕРА – состояние души верующего». Гениально. Мне бы и в голову не пришло. Нет, видимо, вера – это всё-таки в Бога. В победу коммунизма – это не вера, а убеждение. Беспочвенное.

Много лет назад случайно повстречался в Америке с давним-давним приятелем – еще по подпольным рок-н-ролльным делам. Он, оказывается, уехал в Штаты и стал священником. Сидели, выпивали, беседовали о доказательствах существования Бога. Приятель мой говорил, что в зависимости от склада характера человек выбирает для себя как наиболее убедительное то или иное доказательство – кто космологическое, кто экзистенциальное... Это практически тест – как у тебя голова и душа устроены. На меня, например, наибольшее впечатление произвело доказательство нравственное: в самом деле, что-то же заставляет нас поступать вопреки собственной выгоде?

А вообще доказывать существование Бога, на мой взгляд, совершенно ни к чему – представьте себе, доказали вдруг стопроцентно, и вера тут же умерла: она превратилась в знание. А Знание и Вера – очень разные вещи.

Давайте я вам лучше расскажу историю про северную икону. Само слово «икона», сама музыка этого слова – удивительна: там смирение и тихая печаль, запах воска и Времени, уложенного в столетия. Есть в русском языке такие точно звучащие слова.

Никогда я не считал себя ни знатоком, ни коллекционером икон. Всегда, как казалось мне, разделял: икона как произведение искусства, написанное художником, и икона как предмет поклонения, нечто сакральное. Первое интересовало меня больше.

Середина восьмидесятых. Мы небольшой компанией путешествуем по северу – Архангельская область, Мезенский уезд, деревня Кимжа. Огромные, как дредноуты, дома из черных необхватных бревен, из оставшихся жителей – бабки, правнучки сбежавших сюда староверов. Здесь никогда не было крепостного права. Бабки суровы, и восхитительный их северный юмор под этой суровостью разглядишь не сразу – сначала тебя должны принять. Или не принять. И вера у этих бабок особенная – не кремлевско-показательная, а тихая и бесконечно глубокая. Это ощущается просто физически, и не надо с ними об этом разговаривать – а они и не будут. В деревне сохранилась старая бревенчатая церковь, она закрыта, но это, кажется, бабушек не печалит: Бог – с ними, с каждой в отдельности, у каждой в душе. В нашей компании мой товарищ, человек ушлый, имеющий к иконам явный интерес, причем отнюдь не альтруистический. Мы пьем чай в доме бабки Матрены. Бабка Матрена жалуется на здоровье, говорит, что осенью собирается в дом престарелых в Архангельск – зимой одной совсем тяжело. В красном углу у Матрены висит очень необычный Георгий Победоносец – старый, ковчежный, квадратной формы. Мой товарищ не сводит с него глаз, и глаза его горят. Весь вечер потом он уговаривает меня побеседовать с Матреной насчет продажи – сам что-то робеет. Никогда с ним такого не бывало. «Нет уж, друг мой», – говорю я, – тебе надо, ты и проси. Зайди и сам попроси. И учти – продать не продаст, а просто отдать может». Я этих северных жителей знаю лучше, чем он.

Утром следующего дня я иду на рыбалку, а мой товарищ направляется к бабке Матрене. Я вижу, как он доходит до ее калитки и – останавливается. Я возвращаюсь с реки через пару часов и с изумлением застаю его, стоящего на том же месте в той же позе. Он не узнает себя. Он так и не смог войти. И не попросил. Язык не повернулся. Притом, что опыт в этой области имел большой.

Так что где кончается икона-картина и начинается икона-чудо – большой-большой вопрос.

Любовь и нелюбовь

Общеизвестно, что в мире никто никого не любит – в международном, так сказать, масштабе. Во-первых – исторические территориальные претензии, конфликт религий, обычаев, во-вторых, не любят вообще: с чего бы? И всё-таки кого-то почти любят. Например, кубинцев: веселые, сальсу танцуют, сигары, мохито, Че Гевара у них красавец. То, что Че Гевара – обычный преступник, никто не помнит. С Бразилией почти такая же история – ну прям все ужасно благородные обаятельные бандиты, чисто Бандерасы. Знаете, что оказывается? Отношение к народу – это стереотип массового сознания, сложившийся в результате подачи происходивших событий (а вовсе не сути событий, а иногда, всё чаще и чаще – и вовсе не происходивших) силами и средствами культурной экспансии – музыки, кино, литературы.

Стереотипы эти четкие до карикатурности и иногда весьма далеки от оригинала. Американец: одинокий честный парень, который в нужный момент достает «кольт» и наводит порядок и справедливость в несправедливом мире. Хошь – в Аризоне, хошь – в космосе. Всех спас и медленно ускакал вдаль на фоне заходящего солнца. Немец: педантичен, невероятно дисциплинирован, сентиментален, туповат в смысле юмора. Француз: неизменно весел, носат, любит вино и не пропускает ни одной юбки. Юбки в восторге. Ребята, это не из фильмов? А откуда тогда?

И тут становится понятно, что литература, кино, музыка – это не просто удовольствие для масс – это, если угодно, портрет нации на фоне других народов. Особенно сегодня, когда мир делается всё меньше и прозрачнее и мы всё больше верим громким крикам в Интернете, чем фактам.

Вот японцы. Культура в себе – до сих пор. А каких-то сто лет назад они вообще не пускали к себе иностранцев. За сто лет что-то просочилось. И как мы их представляем себе? Жестокие и честные самураи в красивых костюмах (кино!), Фудзияма в облаках (акварели!), хокку и танка (литература!). Ну, еще муравьиная работоспособность – об этом с изумлением рассказывают те, кто там побывал. Все. Вообще японцы, как мне кажется, совершенно не озабочены своим международным имиджем. Да думайте что хотите.

Мы – озабочены. Результат – либо нулевой, либо обратный. Ибо: все наши культурные вехи, впечатлившие мир, – литература, музыка – остались в девятнадцатом веке. Ну да, кто-то помнит еще русское слово «интеллигент» (нет в других языках этого слова): страдает, копается в своей загадочной русской душе, всё никак не накопается. А только память человечества становится короче с каждым днем, и на старом багаже уже не уедешь – да и какое отношение имеют эти великие писатели и композиторы к нам сегодняшним? Были еще всплески – в начале 60-х. Америка восхищенно аплодировала Евтушенко – да кто ж помнит? В годы перестройки мир радостно распахнул объятия нашим художникам и музыкантам – и через пару лет изумленно спрятал руки за спину: пища пошла обратно. Неудобно получилось.

Можно сколько угодно ругать американское кино или музыку, но весь мир сегодня смотрит и слушает именно это. Они что, насильно нас заставляют? Или просто очень качественно работают?

Какие-то наши имена, конечно, известны. Скажем, Виктор Ерофеев, «Русская красавица». Книжка мощная, но как портретик нации – так себе. То есть портретик как раз достоверный, но к любви не располагает. Совсем.

И вот эти огромные пустые пространства мы успешно заполняем кипучей деятельностью – раз уж с искусством не задалось. Законом Димы Яковлева, например.

Первая победа

Один мой товарищ, склонный к математическим исследованиям по любому поводу, подсчитал, что родители мои зачали меня аккурат в день кончины Вождя и Учителя всех народов – или прямо где-то около того. Подозреваю, что не от горя – от горя такими вещами не занимаются. Мамы и папы давно нет, и пролить окончательную ясность на это событие я уже не смогу. Может быть, конечно, и совпадение. Может быть.

В пять лет я был низкорослым и дохлым ребенком. Ненавидел еду. «Жизнерадостный рахит», – звала меня мама. Будучи зацикленной на моем слабом здоровье, она – медицинский работник – постоянно таскала меня по своим знакомым – тоже медицинским работникам. Здоровья моего это не укрепляло.

Большую часть года меня нещадно кутали. Как сейчас помню: лифчик с резинками и толстыми чулками, шерстяные рейтузы, байковые шаровары, шерстяные носки, валенки с галошами, сверху майка, байковая рубашка, вязаный свитер, на голову сначала платок, как на шоколаде «Алёнка» (предмет особенной ненависти), потом меховая шапка-ушанка, шубка из непонятного зверя мехом наружу, варежки на резиночке через рукава. Поверх всего плотно наматывался шарф, окончательно останавливавший дыхание. В этом скафандре меня выводили в наш дворик на Волхонке и пускали на снег. Стоять и кое-как передвигаться я еще мог. Но если падал – подняться без посторонней помощи было уже практически невозможно.

А дворик наш был довольно шпанским – как и все московские дворики того времени. В каждой второй семье кто-то сидел – или недавно вышел по амнистии. Приблатненность боготворилась и была объектом для подражания. К тому же дворовые мои друзья были на год-два старше меня и куда здоровей и крепче. Меня уже тогда интуитивно не тянуло в сторону блатной романтики, и иногда я получал по шее – слегка, не со зла. Смешно же перевернуть на спину майского жука, и смотреть, как он будет корячиться.

А глаза у меня в детстве, надо сказать, постоянно были на мокром месте. Зареванный, я приходил домой. Бабушка моя (настоящая аидише бабушка, судебно-медицинский эксперт по убойным делам на Петровке, 38, безусловный командир в нашей семье) садилась напротив меня, строго глядя в глаза, и у нас происходил такой диалог:

– Ну, если к тебе еще кто-то пристанет, ты что будешь делать?

– Плакать...

– А ты в следующий раз подойди к нему, дай как следует сдачи! Понял?

– Понял...

– Так что ты будешь делать, если к тебе еще раз кто-то пристанет?

– Плакать...

А дальше случилось вот что. На мое пятилетие бабушка подарила мне двенадцатитомное собрание сочинений Жюля Верна. В темно-серых коленкоровых переплетах, с тиснеными корешками, эти книги потрясающе пахли. Бабушка купила мне книги на вырост (она все мне покупала на вырост –

кальсоны, носки, все исключительно полезное.) С книжками, однако, на вырост не получилось — читать я научился рано и проглотил их довольно быстро.

Особенно очаровал меня роман «20 000 лье под водой». Уже само название: лье — это сколько? Капитан Немо, профессор Аронакс, канадец-китобой Нед Лэнд, невероятный «Наутилус»… (удивительно, с тех пор не перечитывал — все помню!). Похоже, меня уже тогда тянуло под воду. На титульном листе — черно-белая иллюстрация под фотографию: капитан Немо на мостике со свирепо-вдохновенным лицом на фоне грозового неба. Капитан похож на артиста Дворжецкого, которого я увижу лет через тридцать. Как же мне хотелось к ним в путешествие!

В общем, сидя во дворе на лавочке, я вдруг принялся пересказывать пацанам содержание романа. Нет, «пересказывать содержание» — это на уроке литературы. А тут роман просто пер из меня. Я как бы писал его заново — сам.

Повествование произвело эффект разорвавшейся бомбы. Парни слушали не дыша, только иногда кто-то шепотом восклицал: «Врешь!» На него шикали, и я продолжал. На дворе стемнело, и мама увела меня домой, не дав закончить.

С этого момента отношение ко мне волшебным образом изменилось. Каждый день пацаны стучали в окно нашей коммунальной кухни и требовали меня во двор — рассказывать про капитана Немо. Они готовы были слушать эту историю бесконечно, но я не мог повторяться, и роман обрастал новыми и новыми подробностями. Авторитет мой взлетел на невиданную высоту. И чтобы с тех пор меня кто-то толкнул — да вы что?

Затоптали бы.

А ведь если разобраться, это и была победа, правда?

Чудо фотографии

Я не люблю постановочную фотографию. При наличии таланта, терпения и хорошей техники рано или поздно всё равно всё поставишь как надо. Есть другие фотографии – остановившие мгновение. В них помимо мастерства (а мастерство зачастую заключается в быстроте реакции – успел поймать момент) всегда присутствует что-то неуловимое, не поддающееся объяснению. Смотришь, скажем, на фотографию

Тверской в перспективе, и детали настолько мелкие, что невозможно разглядеть, во что люди одеты, какие у них прически и что за машины едут по тротуару, а сразу понятно – шестидесятые. И ошибиться невозможно. Как, почему? Фотография схватила воздух, пахнущий твоим детством, и ты можешь, глядя в нее как в открытое окно, вдохнуть его снова. Как бабочка в янтаре – летела, летела – и застыла.

Выставка «Иконы 90-х» оказалась огром-ной – я даже не ожидал. В каждой фотографии замерло Время – это ощущается просто физически. Странно – мне казалось, что я больше запомнил конец восьмидесятых – время розовых надежд, ощущение внезапно свершившегося чуда. А тут нахлынуло. Конечно, девяностые были жестче. Но мы уже хлебнули воздуха свободы и могли ради него вынести что угодно – и бандитов в «адидасе» на открытии кинофестиваля, и танки у Белого дома, и водку у таксистов по тройной цене, и всё, что угодно. Свобода была нам важнее. Мне кажется, она была нам важнее, чем вам, сегодняшним. Или просто привыкли? К хорошему ведь быстро привыкаешь! Это мы еще не всегда могли поверить, что теперь можно говорить то, что думаешь, и ехать туда, куда хочешь. В девяностые было трудно и весело. Они нас здорово закалили.

А еще – воистину большое видится на расстоянии. И со многих икон осыпалась мишура и позолота и – боже мой, на кого мы смотрели, раскрыв рот, кого слушали, что носили?! Зато лица некоторых героев стали только прекраснее – жаль, что многих уже нет. Очень многих.

А еще – как же хороша молодость и как коротка наша жизнь!

Про одиночество

Никогда не забуду ощущения того бешеного, невероятного восторга, когда я понимал, что родители сейчас уйдут на работу, няни почему-то нет и я остаюсь дома один! О, как я скрывал это чувство! Нет, я обожал своих родителей, с нетерпением ждал их возвращения домой, но ведь это совсем другое! Целый день! Один! Если, конечно, ненавистная няня не придет.

Мы живем в коммуналке на Волхонке, мне почти пять лет, и в моем распоряжении целых две наших комнаты, наполненных интереснейшими вещами. Можно поставить стул на кровать и добраться до огромных папиных книг по искусству – они стоят на верхних полках специально, чтобы я туда не лазил. Книги тяжеленные, с цветными иллюстрациями на всю страницу и совершенно особенным запахом. Какие-то вельможи, толстые голые тетки вперемежку с рогатыми козлоногими мужиками, строгие лица святых. Листать это можно было бесконечно. А ящички! Чего только не было в ящичках комода! Настоящие шприцы в хромированных коробочках, стетоскоп, лекарства, куча старых фотографий, папин орден… Я забывал все на свете. Было ли это первым опытом одиночества? По большому счету, конечно, нет. Скорее первый опыт вседозволенности. Мама, кстати, с ее невероятной интуицией, всегда замечала ящик, в котором я рылся, и мне влетало. Это по поводу вседозволенности.

А вот в 16 лет я уже вовсю писал песни про одиночество. Ужасные, надо сказать. А кто не писал? Бурное завершение полового созревания, отягощенное чем-нибудь безответным (нет, ну а как?), первые размышления о вечности, смерти и бренности мира, навеянные, скажем, Леонидом Андреевым. В одиночестве было нечто высокое, бесконечно печальное и приятно щекочущее сердце. Это правда было одиночество? Нет. Это были банальные песни про одиночество. Слава Богу, никто не помнит.

А ведь я и потом очень любил ощутить себя в одиночестве. Я отправлялся на рыбалку на два-три дня. Чаще, правда, с парой друзей, и это тоже было здорово, но один — это совсем другое чувство. Я уезжал ночью с Савеловского вокзала за Калязин — Красное, Высокое, там и станций-то никаких не было, просто стоянка поезда три минуты. Огромная Волга, бескрайний залив, неухоженные луга, леса на горизонте — ни души. Я заряжался от этого пространства, от земли и воды как аккумулятор. Я слышал голоса зверей и птиц, беседовал с камнями и рыбами, и даже походка делалась у меня совершенно другая — это мне сообщила моя первая жена, я однажды взял ее с собой. Это было уже совершенно осознанное и необходимое мне одиночество, и я возвращался в Москву другим человеком — мне казалось, в новой коже.

Все это легко объяснимо — во-первых отпадает необходимость надевать на себя какие-то состояния, маленькие условные необходимости — а это в социуме делают все, как бы они ни уверяли себя в собственной естественности. Во-вторых, моя работа предполагает постоянный контакт (ненавижу слово «общение») с большим, иногда огромным количеством людей. Каждый из них, хочет он этого или нет, отъедает от тебя по кусочку — в той или иной степени. Многие при этом дают взамен свое, но тебя-то от этого больше не делается. Восстанавливаются все по-разному. Я – на дикой природе.

Всемирная организация PADI (кто не знает – самая многочисленная дайверская организация) несколько лет назад (не знаю, как сейчас) предлагала профессиональным инструкторам такой вид работы – тебя высаживали на какой-нибудь маленький восхитительный необитаемый остров – в Карибском бассейне или в Океании. Тебе полагался запас провизии, медикаменты, радиосвязь с миром, подводное снаряжение – все необходимое. В задачу твою входило обследование подводной части острова, с тем чтобы найти наиболее красивые и интересные места (это называется «дайв-сайты») и иметь возможность сводить туда желающих, если вдруг кто приплывет. Обычно никто не приплывал – ты просто составлял описание подводной местности. За работу эту не платили. И оставался ты там один, скажем, полгода. Или год. Я много раз собирался. Не смог отпустить себя на такой срок.

У всех видов одиночества, описанных выше, есть одно приятное качество – управляемость. Это одиночество, которое ты устраиваешь себе сам. Пока тебе надо. Но есть совсем другое одиночество – оно может наброситься на тебя из-за угла, как собака, и нет от него спасения.

Однажды я оказался на Манхэттене – не в первый и не в пятый раз. Мы снимали цикл программ про путешествия, и я почему-то приехал туда за несколько дней до съемочной группы. Я обожаю Манхэттен, у меня там масса друзей. И первых два дня я был совершенно счастлив. А потом вдруг оказалось, что я повидал всех, и им надо работать и вообще жить своей американской жизнью, а мне, в отличие от них, совершенно нечего делать, и я не хочу ощущать себя обузой.

Я бродил по городу в полном одиночестве, и мой любимый город на глазах менялся – он становился мрачным, чужим и равнодушным. И даже веселье его – а вечером Манхэттен веселится, – даже веселье его показалось чужим и неприятным. Это было совершенно новое и очень сильное чувство – чувство неуправляемого одиночества. Казалось бы – сходи в кино, сходи в театр. Сходил. Сходи в музей. Был во всех интересующих меня музеях, причем неоднократно, не хочу. Пойди выпей! Не пьется.

А ведь каких-то три дня!

И как же я обрадовался, когда подъехали наконец мои съемочные негодяи, и я понял, что на глазах возвращаюсь в свое обычное состояние работы – от которой очень устаю и которую очень люблю. И Манхэттен снова улыбнулся мне.

А если говорить о настоящем одиночестве – вот как я это вижу: мы все – много-много, человек же, в сущности, стадное животное – плаваем по поверхности жизни. Мило беседуем, собираемся в стайки, шутим, плещемся даже. Мы, как правило, не замечаем, когда кто-то начинает медленно тонуть. Он пока не жалуется – он еще даже не понимает, что с ним происходит. А мы, как правило, не замечаем – он же не кричит, не зовет на помощь. Твиттер, Фейсбук и прочий Интернет очень помогает не замечать. А он уходит все глубже. Можно спасти? Можно. Но тут мало быть просто внимательным – он будет отбиваться и еще быстрее пойдет ко дну – может, именно вы ему опротивели. Только одно поможет – надо обязательно его любить. Тогда есть реальный шанс вытащить.

Вы его любите?

На этюды

С Нателлой я познакомился в пионерском лагере. Познакомился — это не совсем верно: я в те поры был застенчивым меланхолическим юношей, не склонным к массовому веселью, она же являла собой полную противоположность, и всё вокруг нее пело и хохотало, а я тихо наблюдал за ней со стороны. С некоторым восхищением.

А потом мы вдруг встретились в Гурзуфе. Оба только что поступили в институты — она в художественный, я в архитектурный, оба приехали к морю уже без родителей — такие настоящие взрослые молодые художники. Гурзуф в советские времена выполнял для советских же художников, как я сейчас понимаю, функции Италии — древний городок, кипарисы, море, солнце, и располагался там Дом творчества Худфонда имени Коровина, и деятелей искусства вокруг наблюдалось как собак. Искусство было практически растворено в воздухе. И совершенно неудивительно, что Нателла предложила мне завтра утром пойти с ней на этюды.

Утром мы встретились в самом начале набережной у железных тюремных ворот международного молодежного лагеря «Спутник» (она – с деревянным этюдником, я – с папкой бумаги и пастелью) и двинулись в сторону города. Солнце стояло низко, справа еле плюхало еще не проснувшееся море, первые курортники, волоча за собой детей, спотыкаясь и дыша вчерашним, брели занимать шезлонги. От первой бочки с рислингом нас отделяло метров тридцать.

Бочки эти (стандарт тех лет – в них еще могло содержаться пиво или квас) на двух грузовых колесах и со станиной, как у пушки, являлись самым типичным элементом курортного городского пейзажа тех лет. Выкрашены они были в нежный фисташковый цвет, в торце располагался кран, алюминиевый фонтанчик для мойки кружек и тетка в нечистом белом халате, отпускавшая продукт трудящимся. В нашем конкретном случае это был рислинг. Кислейшее белое сухое вино ялтинского разлива. Я не знаю, почему тетка вышла на службу так рано. В этой истории вообще много загадочного. Невинным детским голоском Нателла предложила освежиться по маленькой. Маленькая кружка вмещала в себя двести пятьдесят граммов (были еще большие по пятьсот). Пятнадцать копеек, по-моему. Лично я при всей своей толерантности не стал бы настаивать на приеме четверти литра гадкого сухого в это раннее время суток, к тому же имея впереди высокую цель, но даме отказать не мог. Да и сопляком выглядеть не хотелось. Ледяной рислинг огнем прошел по желудку и бросился в голову, идти стало веселее.

Во вторую бочку мы уткнулись минуты через полторы. Не подумайте, что мы ее искали – она просто преграждала нам путь, и обойти ее было невозможно. Как и игнорировать факт ее существования. В общем, всего на пути нам их встретилось четыре (они весьма равномерно размещались по набережной, и обижать какую-то из них было уже нельзя). Потом набережная кончилась, мы свернули прочь от моря и по истертым древним ступеням вскарабкались в городок. Страшно хотелось рисовать. Мы выбрали узенькую кривую улочку, опустились прямо посередине на теплые пыльные камни мостовой и ушли в искусство. Огромные автобусы с трудом втискивались между домами, удивленно сигналили, свернуть им было некуда, и они, кажется, проезжали прямо над нами – нас это совершенно не волновало. А потом вдруг настал вечер, и всё вокруг сделалось розовым, и мы, преодолев какие-то заборы и колючие кусты, забрались на невысокую скалу – она росла прямо из конца улицы – и оказались над Гурзуфом, и над морем, и над уходящим в него солнцем. И мы сидели молча посреди этого великолепия, а потом взяли из моей папки чистый лист, оставили на нем Послание Потомкам в две руки, свернули его в трубочку и, как мэр Собянин в Триумфальную арку, вложили в расщелину в скале.

Лет двадцать спустя оказался я в Гурзуфе, выпил, растрогался, полез искать Послание – ободрался об колючки, ни черта не нашел.

А Нателла теперь известная художница. Встречаемся раз в год, случайно. Зовет на свои выставки. Всё время собираюсь – очень хочу. Никак не дойду.

Заграница

Заграница. А ведь нет такого слова в русском языке. Сегодня. На данном, скажем, этапе исторического развития. Пока. Но было, было – вы уж мне поверьте. И по моим ощущениям, было это совсем недавно, во времена моей юности. Во времена Советского Союза.

«Заграница» – это был весь мир за пределами этого самого Советского Союза, лучшей страны на планете. И была эта заграница неизведанна и недостижима, как Марс. Вернее, делилась заграница на две части – лагерь соцстран, друзей нашей державы, и на капстраны. Капстраны являлись потенциальными врагами. И если на протяжении твоей жизни посетить какую-либо страну из первого списка возможность теоретически присутствовала – при условии твоего безупречного поведения, то про список второй думать вообще не следовало. Да нет, ездили великие советские режиссеры и писатели на международные фестивали, балет Большого театра и цирк покоряли мир, всевозможные партийные делегации представляли страну за рубежом – но ты-то кто такой?

В кинотеатрах перед сеансами иногда показывали журнал «Иностранная кинохроника». В странах победившего социализма под радостную музыку строились заводы и фабрики, возводились жилые массивы. Потом музыка менялась на тревожную и даже страшную – в капстранах происходили сплошные беды: землетрясения, пожары, забастовки. Было непонятно, как они вообще еще живы.

Если же на тебя вдруг обрушилось нечаянное счастье, и замаячила перед тобой перспектива посетить заграницу, то предстояло тебе следующее: сначала, собрав неимоверное количество бумаг с подписями и печатями, получить в ОВИРе загранпаспорт – ох, не у всех, не у всех был! Потом наступал момент проставления визы – не въездной, нет, — выездной. Тебе следовало получить одобрение комсомольской и партийной организации с места твоей работы – не возражаем, дескать, против поездки товарища такого-то: политически грамотен, морально устойчив, нареканий не имеет. И вот со всем этим ты шел на заседание выездной комиссии райкома партии. Там принималось окончательное решение – достоин или нет (конечно, все твои документы проходили еще через отдел ГБ, где их рассматривали сквозь особую лупу, но это делалось без твоего участия.)

Так вот, выездная комиссия – это было самое страшное. Они могли задать тебе любой вопрос из области истории – скажем, в каком году состоялся семнадцатый съезд Коммунистической партии? И если ты терялся, тебе мягко говорили: ну как же так? Вот поедете вы за границу, выйдете на улицу, а к вам подойдет кто-нибудь и спросит – в каком году был семнадцатый съезд партии? А вы не знаете. Это же позор! Нет, вы не готовы, идите. И рубили через одного. А счастливцы, проскочившие эту экзекуцию, бежали в специальное место менять рубли на иностранную валюту в размере суточных – мизерную сумму, но, правда, по волшебному курсу – и, еще не веря своему счастью, ехали, скажем, в Болгарию.

Интересно – как ставилась заграничная виза в паспорт, я вообще не помню. Помню, что как-то без твоего участия.

Еще помню, как я, мокрый от ужаса и безысходности, стоял, вытянувшись, перед этой выездной комиссией. В голове проносились вереницы дат, фамилий партийных деятелей и цитат Брежнева. Конечно, уже за одну прическу меня выпускать никуда не следовало, и члены комиссии это отлично понимали. Особенно свирепствовала неприятно молодая тетка в очках – на дужках очков располагался наглый зайчик, эмблема «Плейбоя». Я уже решил, что если меня зарубят, я публично опозорю тетку перед комиссией – открою им глаза на то, какие у их сотрудницы идеологически невыдержанные очки: ни она, ни они даже не представляли себе, что это за зайчик.

Я ответил на все вопросы. Непостижимым образом. И поехал в Польшу. Тетка осталась жить. СССР, год тысяча девятьсот семьдесят восьмой.

Сегодня подрастает уже второе поколение, которое не только не нюхало этой вони – они даже не поймут, о чем я тут пишу. Огромное количество молодых людей, в сознании которых путешествие в любую точку планеты изначально возможно – были бы деньги. Они не знают слова «заграница».

А я всю свою жизнь считал, что наивысшее счастье – это свобода. Свобода самому решать. Говорить. Делать. И передвигаться по миру – как и куда тебе хочется. И половину своей жизни я этой свободы был лишен. Да и от второй половины не ждал ничего нового. Спасибо Михаилу Сергеевичу.

И сейчас я, наверно, больше всего хочу, чтобы эти миллионы молодых людей так и не узнали слова «заграница». Не надо.

Научный подход

Слава Ученому, раздвигающему денно и нощно занавес мрака Неизвестности во имя торжества света Истины! Честь и хвала вечному Солдату Науки, презревшему ради этого света убогие радости нашего серого быта и жалкие условности существования! Слава несущему в своих ладонях крупицы Знания нам, недалеким и нищим духом, и без сожаления бросающему их к нашим ногам!

Настоящих ученых я в жизни практически не наблюдал. Хотя мама занималась научной работой. Я помню, как вечера напролет (мне было лет шесть) они с отцом перепечатывали и перечитывали ее диссертацию и как отец всё время спотыкался на латинских названиях атипичных микобактерий туберкулеза (M. scorfulaceum, M. cansassi). В остальном в нашей семейной жизни мама качеств, присущих ученому, не проявляла и таковой не воспринималась. Настоящие ученые жили в книжках – от «Детей капитана Гранта» до «Тайны двух океанов». Ученые рисовались добрыми рассеянными чудаками со взглядом, устремленным в неведомое. Помню также две маленькие книжечки карикатур какого-то, кажется польского, художника – «Похождения профессора Филютека». Профессор был худ, лыс, яйцеголов, имел усики и бородку. Носил черный старомодный костюм и зонтик, и с ним всё время приключались смешные глупости.

А вот с истинно научным подходом к жизни я однажды столкнулся. Было это на третьем курсе института. Жили мы тогда потрясающе весело, бедно и бесшабашно. Всякий рубль тут же шел в дело, и я не помню ни одного раза, чтобы это было не вместе. Приближался день рождения нашего товарища (назовем его Боря), и для места празднования была выбрана квартира наших одногруппников Игоря и Гали – они только что поженились и жили в отдельной квартире (чудо невозможное). Нас не остановил даже тот факт, что накануне у них рванула тридцатилитровая бутыль, в которой настаивалась бражка – для последующего перегона либо непосредственного употребления. Бражка равномерным слоем растеклась по квартире, ее собирали полотенцами и тряпками и выжимали в таз – качеств своих для перегона она не утратила. Дом восхитительно и возбуждающе пах.

Выпивку мы, интеллигентные люди, несли с собой, стол девочки накрывали в складчину. Кто-то принес в подарок Боре диковину: шесть чешских небьющихся стаканов из толстого стекла. В подтверждение невозможного стакан был торжественно уронен на пол, подскочил и – остался цел! Даритель ликовал, а Боря, напротив, вдруг глубоко задумался. Он забыл про гостей, отошел в угол и снова и снова ронял стакан на пол. Что-то не сходилось в его картине мира. Мы не заметили, как он с коробкой стаканов тихо исчез.

Вернулся Боря, когда веселье было уже в самом разгаре, – минут через пятнадцать. Он вышел к нам из кухни, и глаза его светились счастьем. «Бьются!» – радостно сообщил он. В руке его был молоток.

Чужие

Боже, какое отвратительное слово «Чужой»! «Ч» и «Ж», почти не разделенные еле слышным «У», скрежещут друг о друга как ржавые консервные банки. И где-то вдалеке – эхом горя и безысходности – «Ой…»

Чувство древнее, первобытное, однако – удивительно! – неискоренимое. Вот наше гордое племя. И наши отцы, и наши деды жили здесь. Но мы окружены чужими. Они охотятся в наших лесах, ловят нашу рыбу, портят наших жен! Да и морды у них раскрашены не по-нашему! Только война! А эти самые чужие толкуют между собой примерно так – мы живем в этих краях сотни лет. А эти чужаки заняли самую лучшую поляну в самом лучшем лесу на самой рыбной реке, и баб у них в два раза больше, чем у нас, и нос до потолка, а сами даже даже морды себе разрисовать толком не умеют! Придется поучить… И что тут скажешь? Бросьте копья и идите вы направо, вы налево? Как же, послушают…

В детские годы (назовем их годами развития) все так или иначе проходят эту древнюю фазу. Мы – точно проходили. В нашем дворе на Волхонке мы все были свои. Независимо от возраста и умственного уровня. Вплоть до последнего чмо. Его нельзя было давать в обиду – чужим. Сами-то мы могли обижать его сколько угодно – надо же кого-то обижать? Но мы сами – это совсем другое дело. Это не считается.

Очень сильное, стадное чувство. Сидели кружком, планировали, как пойдем бить чужих из соседнего двора. При этом краешком головы каждый понимал, что это скорее приятные фантазии – никуда мы не пойдем, в соседнем дворе и пацанов побольше, и постарше они и поздоровее. Я в свои пять лет уже догадывался, что мы зацикливаемся не на лучшем решении вопроса, но молчал – очень не хотелось считаться трусом.

Внутри двора играли в войну. Надо было разделить своих на бойцов Красной армии и немцев – то есть на своих и чужих. Тянули жребий. Мой друг Вовка Деготь запросто мог зарыдать, если ему доставалось исполнять немца. Немцы в кино были все как один крючконосые, очень некрасивые и глупые. И конечно, в конце игры их всех надо было победить. Вовку убеждали, что все это понарошку, и он шел, утирая сопли.

Тот же двор, Санькина бабушка тихонько внучку на ушко: «Ты с Борькой-то поосторожней – они явреи!»

В одна тысяча девятьсот шестьдесят девятом году «Машина времени» дала первый выездной концерт – в школе номер четыре. Концерт прошел на ура, мы шли, возбужденные и счастливые, через темный пустырь, таща на себе усилители и гитары. Мы вели себя очень неосторожно. Из темноты вкрадчиво поинтересовались, с какого мы района. Когда выяснилось, что мы не с их района, пацаны вдруг нарисовались вокруг нас и я тут же огреб здоровенной доской по голове – да так, что временно лишился рассудка. Остальным тоже досталось. Интересно, что на наши гитары и прочую музыкальную утварь никто не покусился – важно было просто навалять чужим. В чистом виде.

В Нью-Йорке негры поселились в Гарлеме (были они в те годы еще самыми настоящими неграми, а никакими не афроамериканцами). Им построили дармовые муниципальные дома, но чуда не произошло — подарки, упавшие с неба, не ценятся. Черные ребята принялись гадить под себя и вокруг, бить стекла, размалевывать стены и вообще развлекаться по своему разумению. Случайно заехавший на территорию автомобиль разбирался за десять минут — независимо от того, отошел хозяин куда-то или оставался внутри. А совсем недалеко — прямо за Централ-парком — располагались чужие. Не, ну а как — во-первых, белые, во-вторых, живут хорошо. Кто же они еще? То, что хорошая жизнь требует приложения некоторых усилий, в голову не приходило. Пусть дураки работают.

Сейчас, конечно, многое изменилось. Теперь это просто небогатый и не очень чистый район Манхэттена. И сюда уже можно спокойно заехать без риска для собственной жизни — например, послушать воскресный спиричуэлс в церкви. Или зайти вечером в джазовый клуб. Что произошло — массовое сознание выросло или просто время все сглаживает и лечит?

Ничто меня не переубедит в том, что парадигма «наши — чужие» стойко существует либо в детском сознании (и то не во всяком), либо в сознании дегенератов. Ладно, без хамства — в сознании недоразвитом. В таком сознании, особенно если оно еще массовое, эта идея прочно пускает корни — только кинь горсточку семян, и уже неважно, кто там чужие — фашисты, жидобандеровцы, кавказцы, либералы — вождю видней. Мочи их! И мы тут все будем свои.

А ведь Всевышний создал нас не своими и чужими, правда? Просто немножко разными — так у него получилось. И что теперь?

Вот по лесу третьи сутки идет инопланетянин. Как у Валерия Попова — марсианец. Он три дня назад потерял свой корабль, от еловых шишек у него изжога, а ни одной бабочки он так и не поймал. Он очень испуган, замерз и хочет есть. Он ведь чужой по определению? Или как?

Все войны на планете начинались с того, что ловкие негодяи объявляли соседей чужими. А кто же без этой веры пойдет их убивать? Своих соседей-то? И похоже, конца этому не видно. На компьютерах тыкать кнопочки научились, а вот с сознанием беда.

Что делать-то будем?

Мой друг художник

Л.Ю. Белле

Он совершенно не похож на художника. Он вообще не вызывает ассоциации с какой-либо профессией. Если его позвать в телепрограмму «Интуиция» и поставить на подиум – хрен кто догадается, чем он в жизни занят.

Художник: рассеян, застенчив, бородат, неопрятен. Вытянутый на локтях черный свитер, склонность к крепким напиткам и философии негативного толка. Ничего общего.

Или – из актуального искусства: истерическая одежда, адские темные очки, загадочная сексуальная ориентация, набор никому не известных имен на языке, один концепт да спонсоры на уме. Еще дальше.

Нет, я правда не знаю, на кого он похож.

Мы познакомились сто лет назад, и я даже не мог предположить, что вообще-то он художник. В те былинные времена он добровольно служил директором группы «Аквариум». Просто ему очень нравилась группа «Аквариум». И вот БГ рассказал мне, подводному охотнику, что у них в команде работает директор, который стреляет в Неве огромных рыб. Я не поверил, настоял на немедленном знакомстве. Знакомство состоялось, и через несколько дней мы уже лезли в ледяную Неву с ружьями и фонарями. Ивановские пороги, ночь, конец октября. Кто понимает – оценит, остальным объяснять бесполезно. В общем, мероприятие за гранью экстрима. Пока я кувыркался, борясь с диким течением на десятиметровой глубине в обстановке, несовместимой с жизнью, он уже деловито выполз на берег со здоровенным лососем на гарпуне. Я был раздавлен – я-то до этого момента считал себя неплохим охотником.

Потом оказалось, что он в превосходной степени умеет делать всё, что он любит. А любит он огромное количество совершенно разных вещей. Но любить – одно (я тоже люблю), уметь – совсем другое. Он может починить радиоприемник, остановить сердечный приступ, вырастить цветок лотоса в условиях Русского Севера, обезвредить бомбу. Может, кстати, и взорвать – если надо будет. Он профессионально вобьет гвоздь (я останусь без пальца), сложит сруб (откуда?), покрасит стену, предварительно загрунтовав (причем знает, собака, чем именно и в какой последовательности!), и вообще построит дом — что он и сделал. Своими руками. Дом этот наполнен невероятным количеством удивительных и совершенно бесполезных, с точки зрения нормального человека, штуковин. Он обожает игрушки со страстью приютского ребенка, лишенного детства. Лучший способ отвлечь его от всех проблем мира — сунуть в руки новую модель телефона или фотоаппарата. И через два дня он будет этим аппаратом делать снимки, которые вызовут острую профессиональную зависть людей, посвятивших свою жизнь фотографии. Я не преувеличиваю. Он обожает водить машину, которую он ощущает, как продолжение себя, и, когда я сажусь к нему в эту машину, я всю дорогу молюсь. Не потому что плохо, а потому что очень быстро. Впрочем, все пока целы. Он обожает путешествия (как и я), и иногда мы оказываемся с ним в весьма отдаленных диких местах планеты в весьма сложных условиях. В походе он собран, неприхотлив и поражает запасом практических знаний, необходимых именно в данной ситуации.

Нет, это всё чепуха. Вот вам совершенно правдивая история про этого человека — я был ее участником и отвечаю за каждое слово. Мы возвращались из похода по югу Кубы в Гавану — это километров пятьсот по местам, практически лишенным признаков цивилизации.

Дорога, впрочем, всё же была. Раз в два часа по ней проезжали попутки — грузовики, идущие на север. Мы тормозили грузовик, закидывали в кузов нашу поклажу, забирались сами и продвигались в нужном нам направлении. Когда до Гаваны оставалось километров семьдесят, наступила ночь. Утром улетал наш самолет, и я начал нервничать. Но нам повезло: очередной грузовик остановился, мы вскарабкались в кузов в полной темноте и наконец доехали до нашего посольства. Где и обнаружилось, что мой друг потерял темные очки. Не просто очки – чей-то подарок. Чуть не Билли Джоэла. Что сделал бы в этой ситуации нормальный человек? Вздохнул бы, плюнул, выпил рюмку и забыл. Что сделал бы я? Проныл бы и просокрушался остаток ночи. Что делает наш герой? Он выпрашивает у посольского парня машину и едет на место нашей последней пересадки – он уже проанализировал весь ход событий и убежден, что очки он выронил именно там. Отговаривать его бесполезно. Ребята, пригородная дорога на Кубе – это вам не Садовое кольцо: фонарей нет, а тропическая ночь не дает возможности разглядеть пальцы на руке. Найти в таких условиях место, где ты остановился два часа назад в этой же темноте, невозможно. Вы уж мне поверьте. Он вернулся через два часа. С очками. Правда, к этому моменту по ним уже проехало несколько грузовиков, но это было не важно. Он нашел. Вставил стекла и носит до сих пор. Таких историй я мог бы рассказать множество. Я не знаю, как это у него получается.

Это, кстати, не от жадности – ах, очки! Это от нежелания подчиняться обстоятельствам.

Хорошее качество для художника – нежелание подчиняться обстоятельствам.

Вообще нежелание подчиняться.

На Байкале наш катер был готов к отплытию – уходили на неделю на противоположный берег. Распаковал рюкзак, схватил фотоаппарат, прыгнул в машину, исчез. «Сейчас вернусь». Ждали четыре часа. Оказывается, он, проезжая по Иркутску, углядел на старых покосившихся деревянных домах восхитительные съеденные временем двери и ставни – из окна машины на ходу. Вернулся, отснял, сделал великолепную выставку.

А я по Иркутску гулял много раз. И конечно, видел эти двери и ставни. И даже восхищался. Повосхищался – внутри себя – и пошел. И всё.

Однажды мы затеяли с ним совместную работу – на основе старинных фотографий, которые мы оба любим (мы вообще почти все любим совместно). Рисование (во всяком случае, для меня) – это вещь очень интимная, это не на пианино в четыре руки. Я, даже будучи студентом, не мог терпеть, когда преподаватель принимался править своей рукой поверх моего рисунка – куда он лезет? И ждал я начала этого процесса с некоторым страхом – вдруг не пойдет? Мы работали лихорадочно быстро, вообще не разговаривая – обмен информацией происходил на энергетическом уровне. Мы сделали удивительную серию под названием «Анатомия памяти». Смело могу хвалить, потому что это не мое, а наше. Человечество просто еще не разглядело плод нашего труда. У него пока не было возможности. Вот мы умрем – и мир ахнет.

А по поводу картин моего друга – не знаю, как о них писать, это дело искусствоведов. На картины надо смотреть. Я смотрю на них каждый день – у меня ими увешан дом. И мне делается лучше. А расхваливать очевидное – зачем?

Имеющий глаза да увидит.

Про мечту

ВООБЩЕ, я совершенно не мечтательный человек. И вопрос журналистки: «Скажите, о чем вы мечтаете?» – вызывает у меня приступ легкого бешенства. Я не мечтаю, ангел мой, – я строю планы. Осуществимые. И потом занимаюсь их осуществлением. Вот когда потеряю всякую способность что-либо делать – тогда лягу на диван и стану мечтать. В самом призыве помечтать есть что-то провинциально-девичье, правда? Ну ей-богу, не мужское занятие.

Но это у меня так сейчас. Интересно, сколько уже лет – двадцать, тридцать? А раньше? А совсем давно? Так-таки никогда ни о чем не мечтал? Да нет, мечтал, конечно. Роюсь в памяти, пытаюсь вызвать картинки детства. Что там такое было?

Ну, естественно, первыми объектами мечтаний были разные вожделенные предметы – то, что у кого-то есть, а у тебя нет. Скажем, самодельный самокат: две дощечки, соединенные дверной петлей, два подшипника вместо колес, планочка поперек – руль. Как же он восхитительно гремит, когда несется под уклон по неверному асфальту! Такие самокаты у пацанов в каждом дворе. В нашем дворе счастливый обладатель один, он добрый малый и дает всем покататься, за самокатом выстраивается очередь, я – самый маленький и всегда оказываюсь в конце. Я хочу самокат до боли в сжатых кулачках. Свой. Чтобы не унижаться и не выстаивать эту ежедневную бесконечную очередь. Я извел отца, и он сделал мне самокат. Счастье было ослепительным, но, как ни странно, недолгим: я довольно быстро накатался всласть, удовольствие от очереди, которая теперь уже стояла ко мне, оказалось не таким уж и удовольствием. Я даже не помню, куда этот самокат в конце концов делся — кажется, я его кому-то подарил или сменял на свинчатку.

Потом — уже позже — были ковбойские револьверы: кольт, смит-вессон. Не могу сейчас понять, откуда взялось такое помешательство — фильм «Деловые люди» появился, кажется, чуть позже. Ах, ну конечно — «Великолепная семерка»! Детям туда было нельзя, но мама надела широкий сарафан, и, проходя мимо контролера, я залез под него — под сарафан, разумеется, — даже нагибаться не пришлось. Револьверы замаячили в воздухе еще до их появления на экране — в музыке, в особом оранжево-коричневом тоне картинки на экране — она была цвета прерий. Это выглядело очень непохоже на серо-зеленоватый цвет советского кино, снятого на пленке «Свема» Шосткинского завода. Первый кольт, кстати, появился в кадре практически сразу после титров.

Отец ехал в командировку, и я тщательно рисовал ему, как должен выглядеть настоящий ковбойский револьвер — чтобы барабан крутился и чтобы на рукоятке обязательно была оттиснута голова лошади или индейца (откуда я все это знал?). Через месяц отец возвращался, я, дрожа от нетерпения, нырял в чемодан, откапывал там сверкающее чудо, в восторге носился с ним по квартире, палил во все и вся, безуспешно пытался крутить на пальце. Ковбойское умопомрачение длилось года три — сколько мне отец перевозил этих игрушек? Где они теперь?

А потом все мое внутреннее пространство в одночасье заняли Битлы, и объекты мечтаний резко сменились: теперь это были электрогитары, струны, усилители и динамики. Когда я сейчас понимаю, что отец все свои суточные (то есть всю валюту, которая у него была в поездке) тратил на мои рок-н-ролльные прихоти — а ведь еще были мама, младшая сестра, родственники, — я не знаю, как описать то, что я чувствую. Себе отец тоже ничего не покупал, а кормился консервами из чемодана и заваривал чай с помощью кипятильничка, как, впрочем, и все советские командированные. Хотите обратно в совок? Ничего, уже скоро. Удивительно, что при всем религиозном фанатизме в отношении битловских пластинок я так ни разу и не попросил привезти хоть одну: то, с помощью чего извлекают звуки, было важнее.

Однако все это были мечты, скажем так, сбыточные. Параллельно сознание мое рисовало совершенно нереальные картины: вот мы с Жак-Ивом Кусто надели серебряные гидрокостюмы и готовимся к погружению в Красное море — под нами в синей глубине носятся сотни акул. Кусто дает мне последние наставления и смотрит на меня одобрительно, по-отечески. Или вот я в компании полковника Перси Фосетта и двух его сыновей продираюсь сквозь лианы дождевого леса Амазонии: мы сбились с маршрута, уже пятый день экономим провиант — по одной сардине и куску сахара на брата в сутки, а по нашему следу, кажется, идут индейцы. Нас нещадно кусают москиты, и колючки впиваются в нашу одежду.

Еще было невероятно сладостно представлять себя одним из Битлов — Джорджем Харрисоном. Именно им, потому что барабанщиком я себя не видел, следовательно, Ринго отпадал, а с Ленноном и Маккартни хотелось пообщаться в равной степени. Может быть, что-нибудь сочинить вместе. Побыть немножко младшим товарищем. Хотя бы один день.

И знаете, что интересно: ведь практически все сбылось. Почти. И я плавал в обнимку с акулами, правда, что поделаешь – без Кусто, и ходил по джунглям Амазонки – увы, без полковника Фосетта, и записывался на Эбби Роуд, в той самой битловской студии – правда, уже без Битлов. Я, наверно, очень счастливый человек.

И я уже давно не мечтаю. Я строю планы. И у меня их множество. Впрочем, нет – мечтаю, конечно. О том, чтобы все мои планы однажды осуществились.

Ну, хотя бы большая часть.

Жизнь в раю

Вы слышали про такое место на карте – Палау? Я вам помогу: найдите Филиппины и двигайтесь по глади Тихого океана направо – уткнетесь в группу крохотных островков. Население страны – 16 000 человек (так что их президент, по нашим меркам, – председатель ЖЭКа), язык – аутентичный, островной, температура воздуха – 32 градуса, воды – 30, солнце восходит ровно в шесть утра и заходит в шесть вечера, и так круглый год – экватор. Дальше – сложнее: как мне описать вам невероятный, нечеловечески лазурный цвет океана, гладкого, как стекло? В океан, насколько хватает глаз, посажены острова, островки и островочки. Отличаются они только размерами, форма у всех одинаковая, больше всего это похоже на грибок – высокая круглая шляпка, сплошь покрытая темно-изумрудными непроходимыми зарослями, и короткая скалистая ножка – приливы и отливы подточили основания островков равномерно со всех сторон. Вот интересно – приливы и отливы есть везде, а островков такой формы я не встречал нигде в мире. Всё это залито тропическим солнцем, и от картины исходит ощущение удивительного покоя и гармонии. Представляете себе? Ни черта вы не представляете!

Мой знакомый родился в израильском кибуце, к концу семидесятых имел кое-какой бизнес, в начале восьмидесятых продал всё, купил маленькую парусную яхту и вдвоем с женой отправился в плавание в поисках рая на земле. Они путешествовали четыре с половиной года. Они побывали на Галапагосах и острове Кокос, в Австралии и на Соломоновых островах, на Сейшелах и Мадагаскаре, в Новой Гвинее и на Багамах. Они объехали весь свет. И бросили якорь в Палау. И знаете что? Я бывал практически во всех местах, которые они посетили. И я понимаю их выбор – такой позитивной энергетики я не ощущал нигде. Она исходит от воды, земли и местных жителей, которые веселы и застенчивы. И еще от неба – нигде я не видел таких закатов. Сегодня мой приятель – владелец крупнейшего дайв-центра и большого дома на горе. Налог на бизнес в государстве Палау – четыре процента (независимо от того, как он у тебя идет). За спутниковый интернет, правда, приходится платить под три тысячи долларов в месяц – стекловолокно туда не протянули. Если бы не бизнес – на хрена этот интернет там был бы нужен? В океане – потрясающая рыбалка и очень красивый дайвинг, особенно в часы приливов и отливов – на сильном течении. Во всех мировых подводных заповедниках за последние десять лет количество всего живого катастрофически сократилось. Настолько, что не хочется туда возвращаться. В Палау этого не произошло – не пускают они к себе китайских браконьеров, и всё тут. Так что страна маленькая, но гордая. Гражданином ее, кстати, ты можешь стать только в том случае, если в тебе течет кровь аборигена. Даже если ты в ней родился – это ничего не значит.

Ранним утром мы идем на катере – нырять. На одном из островков вижу деревню – шесть домиков, крытых пальмовым листом, лодки, у берега плещутся дети. «Интересно, – думаю я, – а они знают, что живут в раю?»

Кино

Довольно рано кино сделалось одним из важнейших видов искусств в моей жизни. Каковым оно являлось и применительно ко всему советскому народу – тут Владимир Ильич все точно подметил. Не, ну а куда ходить? Не в театр же!

Безуспешно роюсь в своей памяти, пытаюсь вспомнить – когда я впервые оказался в кино, и что это был за фильм? Дома на Волхонке у нас на серванте стоял телевизор КВН с экраном величиной с записную книжку и двумя программами – а больше и не было. По телевизору иногда показывали фильмы, но, конечно, никакое это было не кино. А вот через дорогу находился Дом культуры и техники, и там показывали самое настоящее кино – утренний сеанс 10 копеек, остальные по 30. Там я посмотрел потрясающий фильм «Последний дюйм» десять раз за шесть дней. Если бы мама узнала – она бы отвела меня к врачу. Но это было не первое посещение кино в моей жизни.

А может быть, это было на юге, в Гурзуфе? Летний открытый кинотеатр назывался, кажется, «Слава». Дают «Великолепную семерку», с детьми на нее, конечно, нельзя, но у мамы широкий пестрый сарафан, и когда мы подходим к тетке, отрывающей контроль на билетиках (они напечатаны на синей промокашке), – я прячусь под мамин подол. Я был небольшой ребенок. Интересно, «Великолепная семерка» запомнилась прежде всего цветовой гаммой – рыже-терракотового цвета, цвета прерий. Советские фильмы, снятые большей частью на пленке «Свема» Шосткинского завода, были все мертвенно-зеленоватые. Стоп – значит, я до этого уже был в кино.

А может, это был фильм Жак-Ива Кусто «В мире безмолвия»? Кусто впервые взял камеру с цветной пленкой под воду в Красном море и снял документальный фильм. И этот фильм взорвал человечество. Это было равносильно репортажу с Марса. Фильм крутили в кинотеатрах всего мира как художественное кино, и он бил все рекорды. Как славно, что Кусто оказался другом Советского Союза – я ведь мог его фильм и не увидеть тогда, и мои жизненные приоритеты выстроились бы иначе!

А Московский кинофестиваль? Нет, я не смогу сейчас объяснить, что это было такое. Раз в два года ты получал возможность заглянуть за железный забор, увидеть лучшие фильмы мира! И эта возможность была единственной – все остальное время в кино шли фильмы отечественные (крайне редко – французские и польские, еще реже итальянские и американские. Это я не к тому, что наши фильмы были плохие – случались и отличные. Просто я всегда мечтал увидеть мир. Сейчас это невозможно себе представить. Пока.). Я сказал – получал возможность? Ни черта ты не получал – просто она существовала гипотетически. Я не знаю, где и как распределялись книжечки с билетами на фестивальные фильмы – две книжечки на две недели в какой-нибудь один кинотеатр, но все их где-то как-то доставали. Причем за сеанс показывали два фильма – скажем, один венгерский и один английский. У кинотеатров стояли толпы. Отдельно кучковались мутные ребята с оттопыренными карманами – книжечки!

В разные кинотеатры! Это была настоящая биржа – шел активный обмен билетами, причем купить было гораздо сложнее, чем обменять – например, «Ударник» на «Октябрь». Еще никто ничего не видел, но все уже обсуждали – что смотреть обязательно, а что можно и пропустить. Я, помню, однажды посмотрел шесть фильмов в течение дня.

А Дом кино? Попасть в ресторан Дома кино было куда круче, чем в ЦДРИ, не говоря уже о ЦДЛ – если у тебя нет красной книжечки члена Союза кинематографистов, и ты не Смоктуновский и не Ефремов. А ведь они все там! Сидят! А если нет – значит, вот-вот придут! А вон – обязательный кожаный пиджак, шерстяная водолазочка – режиссер! Небожители!

Сводил девушку в Дом кино – твоя. Не обсуждается.

Удивительно, как с тех пор угас ореол богоизбранности вокруг людей, делающих кино.

А меня к ним всегда тянуло – страшно хотелось увидеть кино с обратной стороны – как это делается? И может быть, поучаствовать в силу способностей. Причем изображать из себя артиста в кадре как раз желания не возникало (хотя пару раз уговорили). Нет, просто хотелось делать это удивительное дело в компании интересных людей, владеющих в совершенстве каждый своей профессией, вместе придумывать мир, который завтра все увидят на экране.

Что ж, многое осуществилось. И несмотря на некоторые неизбежные разочарования (а жизнь – вообще последовательная цепь разочарований), я кино так и не разлюбил.

Сегодня то, что мы считали кино, почти исчезло с экранов. А то, что снимается за сотни миллионов в Голливуде, больше напоминает рекламу компьютерных игр и прочих сопутствующих товаров. А хорошее кино постепенно перебирается в сериалы. Не во все. Не всегда. Это не хорошо и не плохо – просто так обстоят дела. Так что это не нытье в духе «А вот в наше время…» – просто мир меняется, хотим мы этого или нет.

Но ведь этим он и интересен, верно?

Последняя рыбалка

Не замечали ли вы, господа, одной любопытной жизненной закономерности? Получение удовольствия состоит из собственно процесса и сопутствующих предметов (для рыбалки – снасти, для охоты – ружья и т. д.). Так вот, чем больше у тебя становится сопутствующих предметов и чем лучше их качество, тем реже ты обращаешься к процессу получения данного удовольствия. Не замечали?

Первая моя удочка была из бамбукового прутика и стоила 50 копеек. Я забрасывал ее в каждую лужу и находил там рыбу. Было мне лет шесть-семь, наверное. Вторая удочка, уже взрослая, тоже, правда, бамбуковая, но составная, трехколенная, стоила уже четыре тридцать (деньги!), была, конечно, несравненно больше и лучше, но – на рыбалке я оказывался уже не так часто. Не каждый день. Потом пошли спиннинги, катушки, телескопы, японские лески… А на рыбалку я выбирался реже и реже. И всё же был для меня один святой день в году – в районе девятого мая. Это время, когда плотва собирается на нерест и клюет как бешеная. И было любимое место – река Шоша по Ленинградке, километров сто десять от Москвы. Там трасса вдруг вырывается на длиннющую дамбу, слева и справа – бескрайняя водная гладь, Шоша сливается с Волгой, и всегда у меня от этого вида захватывало дух. Я оставлял свой «жигуль» на обочине (тогда еще было можно, не было никаких отбойников), надевал рыболовные сапоги, забирался в прибрежную траву насколько мог и весь день ловил восхитительную серебряно-черно-красную шершавую плотву. Годы шли, но традиция жила.

И вот я купил себе надувную лодку. Маленькую, одноместную, удобную. Снастей к этому моменту у меня уже было невероятное количество, а на рыбалку я выбирался практически раз в год – как раз на Шошу. Какой-то противный голос из глубин подсознания нашептывал мне, что этой покупкой я вбиваю последний гвоздь в крышку гроба своего юношеского увлечения, но соблазн оторваться от берега и выгрести на водное зеркало к дальним островкам осоки был так велик! Я еле дождался мая.

Накануне я даже не ложился – собирал снасти. Да и ночи-то в это время года практически нет – только стемнело, и вот уже светает. Выехал часа в четыре утра. Путь, надо сказать, неблизкий – почти половина Окружной, потом подмосковная Ленинградка, потом город Клин, который никак не объехать, и только потом – финишная прямая. Добрался до места, встал на обочине, надул лодку и понял, что весла остались дома. Даже отчетливо вспомнил где – у ворот гаража. Лодка без весел – машина без колес. Знаете, что я сделал? Стиснул зубы, выпустил из лодки воздух, убрал ее в багажник, развернулся и поехал домой за веслами. Вернулся я на Шошу уже в начале одиннадцатого. Всё равно, плевать. Я снова надул лодку, сложил в нее чертовы весла и снасти и поволок ее по травяному склону к воде. И уже у самой воды услышал страшный звук: лодка шипела. Громко. Она наделась боком на единственную в округе арматурину, торчавшую из земли. Это был приговор. Законы устройства мира оказались сильнее меня. И тогда я медленно свернул уже бесполезную лодку, разобрал удочки, сложил всё в багажник и поехал домой – никуда не торопясь.

Думаете, в лодке дело?

Зеркало

Вот удивительно – воспоминания о фильмах Тарковского у меня намертво связаны с временем, когда эти фильмы появились. Когда я их увидел. Про другое кино я это сказать не могу, хотя Тарковский – не единственное сильное киновпечатление юности. Хотя вообще любой художник – это прежде всего время. Художник говорит о вечном, но говорит языком своего времени – забавно, правда?

«Иваново детство» прошло мимо меня – я тогда учился во втором классе и главным моим фильмом был «Последний дюйм». А вот «Андрея Рублева» уже помню отлично – кинотеатр «Мир», ажиотаж – как, вы еще не смотрели?! И потом – разговоры, разговоры за бутылкой. Слухи, небылицы. «Там знаешь сколько всего вырезали? Там целое стадо живых горящих коров было – все вырезали! Ты вообще понял, что он хотел сказать?»

Андрей Тарковский был не самым любимым режиссером у советской власти (хотя – с боями, со скрипом, но снимал, на государственные деньги, и прокат был, между прочим – какой-никакой, а был, чудны дела твои, Господи). Что им так не нравилось? Вот «Рублев» – историческое кино, вполне даже патриотичное. Ну ладно – недостаточно ярко показан героизм русского народа в борьбе с татаро-монгольским игом. И про бога многовато. И иконы в конце. Ну и что?

Про художника же. Нет, не нравилось другое: талантливый, яркий человек, а транслирует не наши идеи, а свои собственные. Все вон транслируют что положено, а он – свои. Самый умный, что ли? Всем нельзя, а ему можно?

Но «Рублев» еще ладно – он все-таки вписывался в каноны. А вот «Зеркало» – это была настоящая бомба. Во всяком случае, в моем сознании она тогда взорвалась. Да, мы все были неподготовленными. А где нам было готовиться? Кинотеатр «Иллюзион», кинолекторий раз в месяц, киновед Марк Аронович, страшные черно-белые копии иностранных фильмов – видимо, для служебного пользования, и ты еще в этот кинолекторий попади! Конечно, никакого «другого кино» мы не видели.

Помните, в прологе – заикающийся мальчик, гипноз, и вдруг – «Могу свободно говорить!» Вся ткань «Зеркала» – неровный и абсолютно свободный разговор о самых главных вещах. О бесконечности жизни. И неизбежности смерти. И о родителях, давших тебе эту жизнь. И о войне. И о печали, вечной спутнице бытия. И о первых ничего не значащих картинках жизни, врезавшихся в детскую память и почему-то оставшихся в ней навсегда.

Магнетическая, красивая какой-то неземной красотой Терехова. Ветер, увиденный глазами оператора Рерберга, – никто ничего подобного с тех пор не снял.

Стихи Тарковского-старшего, огромного поэта, я тоже впервые услышал в «Зеркале».

Ничего тебе в «Зеркале» Тарковский не рассказывает. Он вспоминает – казалось бы, обрывочно, бессистемно, вроде бы сам для себя. Садись, подключайся.

Фильм шел пятыми экранами на каких-то окраинах и задворках. Народ сперва ломанулся. К концу фильма зал был полупустой – советские зрители расходились, недовольные, пожимая плечами. Я их ненавидел. Я сидел завороженный. Я посмотрел «Зеркало» два или три раза, но помню его наизусть (а стихи впечатались в память с первого раза – так не бывает).

Поздние фильмы – «Ностальгия», «Жертвоприношение» – произвели на меня меньшее впечатление (хотя проход Янковского с горящей свечой, снятый одним бесконечным планом, заслуживает какой-то отдельной кинопремии – а может, и дали?) И дело, мне кажется, не в том, что что-то лучше, а что-то хуже – просто ниша моего сознания, предназначенная для кино Тарковского, оказалась заполненной «Зеркалом» полностью. Да и времена изменились – у кого-то в его нише, возможно, лежит другой его фильм.

Тарковского можно любить, восхищаться, быть к нему равнодушным, сильно не любить, наконец. Вот что нельзя делать точно – это пытаться ему подражать. Выглядит это всегда жалко.

Помню, в начале восьмидесятых я где-то с диким трудом раздобыл видеокассету, на которой Андрей Тарковский читает лекцию о кино – в Риме или в Париже, не помню. Дрожа от нетерпения, прибежал домой, вставил в плеер – ждал откровений. Оказалось скучнейшее повествование.

Сейчас самому смешно. Легко рассказать, как строится кадр и что такое ритм монтажа. Рассказать, как делается искусство, – невозможно.

О раздражении

Я так и не научился следовать совету Славы Полунина. Он сохраняет хорошее настроение таким образом: с утра изучает список предстоящих дел и, если существует хоть малейшая возможность какое-то из них не делать, – не делает. Я честно пытался – не получается. И вот каждое утро я сажусь в машину и еду эти дела делать – независимо от степени важности предстоящего. Я двигаюсь в плотной толпе машин. Нет, это давно уже не поток – это толпа. Причем толпа исключительно сильно раздраженная. Все ненавидят всех. Толкаются. Бессмысленно прыгают из ряда в ряд. Причем степень права на приоритет определяется стоимостью автомобиля – зависимость линейная. «Газели» не в счет – они вне конкуренции. О таком простом приспособлении, как сигнал поворота, уже давно никто не вспоминает. Нет, неправда – еще недавно вспоминали. Хотя бы через раз. Теперь уже нет. Потому что явление прогрессирует. Это особенно заметно, когда возвращаешься из-за границы.

В Америке есть такое выражение – «chinese driver» – «китайский водитель». Это идиоматическое выражение означает – ну очень плохой водитель. Недавно я был в Китае, провел там десять дней. Ребята, я не видел за десять дней ни одной аварии, клянусь! Ну да, они странно ездят, могут, например, вдруг начать разворачиваться из правого ряда. Им посигналят, конечно, но – пропустят! В Москве, если я не видел в течение дня трех аварий, мне уже чего-то не хватает. Какое-то облако общего озверения висит над городом. Надеюсь, пока не над страной – еще не всех накрыло. Хотя…

А ведь знаете – в Китае живут не лучше, чем у нас. Объективно хуже. И, наверно, поводов для раздражения у них должно быть, во всяком случае, не меньше. Я вам больше скажу: и мы сами еще совсем недавно жили хуже – в коммуналках, в очередях за кефиром и колбасой и в баню ходили раз в неделю по субботам. Может, не так было обидно, потому что практически все? Кроме ответственных работников за забором, но из-за забора было не видно, поэтому не раздражало? Помягче были, подобрее. Тоже, конечно, хамили иногда друг другу, но в трамвае – к авариям это не приводило.

Ну да, я понимаю – орут по телевизору, так сейчас положено. Особенно в общественно-политических программах. И просто в общественных. Называют, скажем, передачу «Пусть говорят», а они там орут. Причем все одновременно. Брызгают слюнями. Ну ладно, тут хоть повод есть – мама ребеночка в стиральной машине утопила. А в политических-то чего? Ребята, успокойтесь, с вас ваши избиратели пример берут! И как вы микрофонами об пол швыряетесь, мы уже сто раз видели, и кто президент у нас будет, нам уже давно сказали – чего вы психуете? Хватит играть в сумасшедший дом!

И вот если бы спрыгнул ко мне с елки желтый ангел, я бы сказал ему: «Послушай, если можешь, сделай так, чтобы мы все остыли. Выдохнули, что ли. Улыбнулись друг другу. Одновременно. Купили подарки любимым и детям. И не торопясь, пропуская вперед женщин и тех, кто старше, пошли друг к другу в гости – сидеть за столом, говорить только приятное, шутить необидно, радоваться жизни».

Месть

Я совершенно не мстительный человек. Наверно, унаследовал это от своих родителей: обида быстро забывается, а человек, сделавший гадость, просто становится мне неинтересен и удаляется из поля моего зрения. Тратить время, силы и эмоции на то, чтобы кому-то чем-то за что-то отплатить – на мой взгляд, глупо и непродуктивно. Так что «Графа Монте-Кристо» я даже не читал. Тем не менее одна история, случившаяся со мной, не вполне вписывается в эту модель поведения.

Случилось это давно – в начале восьмидесятых. «Машина времени», уже вполне легально выступавшая по стадионам и дворцам спорта нашей необъятной тогда советской родины, имела приписку к организации «Росконцерт», и по всем правилам ей полагался директор – человек, отвечавший за бухгалтерию и за наше поведение перед вышеозначенным «Росконцертом». На том отрезке жизни нашего директора звали, допустим, Виталий Витальевич (или попросту Витальич). Если попытаться охарактеризовать его одним словом, точнее всего подойдёт слово «ушлый». Он был старше нас совсем ненамного, но прошёл яркую и суровую школу жизни, начиная с мест не столь отдалённых и заканчивая директорствованием чуть ли не у Аллы Пугачёвой.

Как же быстро летит время! Как стремительно меняются горизонты, пейзажи и звуки! Никто уже и не помнит, что такое «сборный концерт». А между тем по законам того времени других концертов во дворцах спорта не полагалось. Поэтому первое отделение включало не менее двух конферансье (тоже ушедшая профессия), какого-нибудь шутника-юмориста, эстрадную певицу или певца среднего достоинства, двух тряпичных кукол в человечий рост — внутри сидели специальные дядьки, фокусника и коллектив молодежного танца, после этого праздника жизни объявлялся антракт, во время которого мы выволакивали на сцену наши барабаны и колонки, и второе отделение принадлежало «Машине времени». Сборный концерт призван был удовлетворить вкус советского трудящегося во всем его диапазоне. Он, в общем, и удовлетворял — зритель был неизбалованный, и я не помню, чтобы кого-то плохо принимали. Артисты из первого отделения оказывались людьми, как правило, забавными, а иногда совершенно замечательными, и вот таким табором, выпивая и травя байки, мы путешествовали по городам и весям родной страны. В основном по весям.

Работа в сборном концерте перемежалась с постоянным ожиданием. В день их происходило два (иногда в выходные — три), поэтому мы приходили за час до начала первого концерта, расставляли и проверяли аппаратуру, потом снова разбирали и утаскивали за сцену, потом звенели звонки, зал заполнялся людьми, потом шло развеселое первое отделение, которое мы пережидали в гримерке, потом в антракте лихорадочно расставлялись, работали свое отделение, потом ждали, пока зритель разойдется, опять освобождали сцену от своих усилителей и снова уходили коротать первую часть концерта. В трейлере с аппаратурой я возил небольшую раскладушку.

В одной из своих прошлых жизней наш Витальич профессионально играл в карты с целью личного обогащения, иначе говоря, «катал», и скоро уже вся «Машина» неистово резалась в деберц – игру каторжанскую, но необыкновенно динамичную и привлекательную. Витальич в этой ситуации вел себя достойно, как играющий тренер, на крупные суммы своих не разводил, выигрывал по мелочи, и игра служила исключительно задаче скоротать время.

Событие, о котором я взялся рассказать, случилось на гастролях в городе Волгограде. Поздно ночью, отбарабанив два концерта, поужинав чем было и слегка выпив, мы сидели в номере Витальича. Мы играли в карты, и мне чудовищно не перло. Он то и дело покупал красивые комбинации, а я – семерки и прочий мусор. Те, кто играл, знают это состояние – вера в справедливый миропорядок или хотя бы в теорию вероятности заставляет тебя думать, что такое не может продолжаться вечно, что сейчас все обернется, а на деле ничего подобного не происходит. В общем, часа через два, окончательно разуверившись в своей звезде и сильно расстроившись, я молча рассчитался и ушел в свой номер. Все дальнейшее я помню до мелочей – готов поклясться, что моей воли в происходившем не было, я как бы превратился в стороннего зрителя. Я вошел в свой номер и зажег свет. На столе у меня лежала гора вяленой рыбы – огромные лещи, подарок местных фанатов. Не спеша я выбрал самого большого леща, крепко взял за хвост на манер теннисной ракетки, прикинул в руке – лещ был твердый и тяжелый как полено. Затем я вернулся и постучал в номер Витальича. Витальич отпер дверь – он уже успел надеть красивый шелковый халат – и я, размахнувшись, страшно ударил его лещом по голове. Ни разу в жизни – ни до ни после – я не видел на лице этого прожженного, тертого жизнью человека такого детского изумления. «Макар, ты охренел?» – произнес он потрясенно. Нет, он сказал не «охренел» – он использовал другое, созвучное слово, куда больше подходящее к моменту. И тут я оценил картину – себя с грозным и трагическим лицом и лещом в руке, Витальича в халате с отвисшей челюстью, и душа моя вернулась в мое тело и меня разобрал чудовищный, оскорбительный смех. Я хохотал и не мог остановиться – настолько все происходящее не вписывалось в привычную картину мира.

Сейчас, спустя тридцать с лишним лет, я пытаюсь дать ответ на вопрос – что это было? Месть? И если не месть, то что?

А Витальич меня простил. И даже потом смеялся вместе со мной. Правда, все-таки не так, как я.

О несбыточном

Я очень хорошо знаю, как он выглядит. Я знаю, какая у него машина. Это дешевый корейский джип. Когда-то он был серебряный, но сейчас серый от покрывающей его пыли. На заднем затемненном стекле расположена какая-нибудь пошлейшая надпись типа «Спасибо деду за победу!». На крыше багажник, на торпеде освежитель воздуха в виде золотой короны в натуральную величину, пара иконок, в салоне надрывается «Радио Шансон». Он тормозит на обочине, там, где лес подходит прямо к дороге, и вылезает из машины. Он еще достаточно молод, но склонен к полноте, волосы ежиком, под глазами мешки, выражение лица сонное и крайне не располагающее к общению.

На нем сильно не новая майка из Антальи, плотно облегающая его свиные бока, пестренькие шорты и шлепанцы. В углу рта прилип окурок. Он не спеша обходит машину, открывает багажник и выволакивает оттуда два пластиковых мешка с мусором. Один из них надорван, оттуда лезут мятые пивные банки и прочая дрянь, но его это совершенно не смущает. Он бухает мешки на обочину (от этого тот, что надорванный, лопается совсем) и поворачивается, чтобы вернуться в джип. В этот момент раздается тихий щелчок, что-то больно обхватывает ногу в районе щиколотки, и через долю секунды неведомая сила швыряет его ввысь, прямо в крону огромной ели, стоящей рядом, и вот он уже висит вниз головой, медленно вращаясь вокруг собственной оси, слегка задевая мохнатые колючие ветви. Он похож на большую нелепую елочную игрушку, впрочем, снизу, из-за веток, он практически не виден, да и любоваться им некому – машины тут не останавливаются.

Он пытается кричать, но оказывается, вися вниз головой, кричать не получается – желудок, по меткому выражению Жванецкого, давит на глаза. Скосив глаза влево, он видит еще одного подвешенного. Этот, похоже, висит тут уже несколько дней и выглядит совсем нехорошо. На него присаживается ворона, оценивающе смотрит на новенького круглым блестящим глазом. Знаете, сколько времени может провисеть вниз головой толстый человек, сохраняя сознание? Совсем недолго. Попробуйте. Примерно столько же простоит на обочине открытая машина с включенным двигателем – не стройте себе иллюзий. Вот с мусором хуже. Ночью бездомные собаки разорвут мешки в клочья и растащат мусор по обочине. Убирать его не будет никто, ленинские субботники ушли в прошлое, поэтому новая помойка будет радовать нам глаз долго-долго, до зимы. А потом весной. Бумага и картон разложатся года за два, алюминий – лет за сто. Стекло и полиэтилен не разложатся никогда – смешно, правда? Так что всё-таки однажды придется найти время, собраться и навести порядок.

А вот с теми, кто на дереве, ничего делать не надо. Природа всё сделает сама. И очень быстро.

Скажете, не бывает такое? Бывает-бывает. Еще как бывает.

Цирк

А ведь цирк, господа, уходит в прошлое. Как это ни грустно. На наших глазах. Потому что «Цирк дю Солей» – это все-таки не цирк. Какой-то новый синтетический жанр.

Многие еще недавно обязательные составляющие цирка уже в прошлом. Например, французская борьба. Человек-гора – Черная маска – против Ивана Поддубного! Ваши ставки, господа!

И все-таки цирк консервативен. И он хранит традиции. И арена будет круглая, и диаметр ее будет двенадцать с половиной метров – другой не бывает. И засыпана она будет опилками, и пахнуть обязательно будет этими самыми опилками и еще немножко зверями. Потому что во втором отделении обязательно будут огромные, страшные и интересные звери – львы, тигры, слоны. Ну где еще такое увидишь?

Очень возможно, что скоро зоозащитники победят и дрессированных животных в цирке не станет. И спорить-то с ними трудно – дикие звери должны жить на воле, нечего над ними издеваться. Заодно закроют зоопарки, и наши дети будут узнавать этих самых зверей по картинкам в Интернете.

Мой товарищ Юра Дуров – правнук того самого легендарного дедушки Дурова, который придумал добрую дрессуру – без наказаний. Юра – прямой продолжатель этой школы. Он выходил на арену с пяти лет. Я не знаю более доброго человека. Единственный раз в жизни он ударил гепарда и не может себе простить этого до сих пор. Его звери воспринимали работу на арене как игру.

Однажды я зашел к нему за кулисы сразу после представления – он только что отработал со слонами. Юра разрезал батон белого хлеба вдоль, полил патокой и уложил на каждую половину по полкило рафинада – это было угощение для слонов. Слониха Машка, увидев хозяина, разулыбалась, заплясала, закачала головой. Я дал ей полбатона, который тут же исчез в ее пасти, стал гладить ее хобот. Вдруг Дуров что-то еле слышно шепнул ей, хобот с необыкновенной легкостью и силой обвил меня вокруг пояса, и через мгновенье я взлетел ввысь и оказался у слонихи на спине. Вас никогда не забрасывали одним движеньем на крышу двухэтажного автобуса?

Шкура слонихи была шершавой и горячей, из нее торчали редкие волосы толщиной с карандаш. Наверно, я испугался. Во всяком случае, дар речи на время был утрачен. Дуров и слониха хохотали. Когда способность изъясняться вернулась, я униженно принялся просить Машку спустить меня на землю. Но она еще покачала меня на спине, потанцевала на месте, кося на меня хитрым и мудрым глазом, потом вздохнула и аккуратно поставила на место.

Благодаря Юре я несколько раз попадал в мир, где живут цирковые (ни в коем случае не говорите «циркачи!» Обижаются). Однажды в Новосибирске я завис в цирковой общаге на несколько суток. Молодые мы были и, соответственно, веселые. Помню, случилась какая-то бесконечная цепь дней рождения. Когда в общаге живет сто человек – у кого-нибудь обязательно день рождения. В среднем раз в три дня. Я сказал «мир цирковых», потому что это именно мир, существующий параллельно совсем рядом с нашим, большим миром, где живем мы, все остальные. Эти миры даже слегка соприкасаются — когда мы приходим в цирк посмотреть на выступление артистов. Прочих соприкосновений практически нет. И — все другое: правила, обычаи, анекдоты, а с ними и чувство юмора — кажется, сам воздух вокруг них чуть-чуть другой. Потому что в цирке нельзя работать с девяти до шести. Цирк — это жизнь, и на другую жизнь, у тех, кто родился в этом мире (а в цирке, как правило, рождаются), не остается ни времени, ни, кстати, особого интереса.

Тысяча девятьсот восемьдесят первый год, «Машина времени» приезжает в Калининград. Работаем почему-то в помещении цирка. Прямо с самолета едем на площадку настраивать звук, заходим в цирк через служебный вход, попадаем во внутренний дворик. Пространство заставлено фургончиками, какими-то ящиками, разобранными клетками. Неподалеку рыкает невидимый лев, и я понимаю, что мощность нашей аппаратуры весьма относительна. Посреди двора стоит мальчик лет семи. В руках у него хлыст — шамбольер. Перед мальчиком на столике пять свечей. Он зажигает их, отступает назад на несколько метров и пятью ударами шамбольера гасит их по очереди. Каждый удар сопровождается оглушительным щелчком. Потом мальчик подходит к столику, зажигает свечи и все повторяется. Движенья его спокойны и размеренны. Нас он просто не видит — мы не из его жизни. Мы полюбовались на маленького артиста (я все ждал, что он промахнется — хотя бы один раз. Фигушки!), прошли внутрь, отстроили звук, потратив на это часа полтора, вышли во дворик (мальчик продолжал свое занятие), доехали до гостиницы, пообедали, повалялись по номерам — часа два, и вернулись в цирк к началу концерта.

Мальчик был на месте. И я отчетливо ощутил собственное несовершенство.

Все очень просто, говорит мальчик. Нет предела нашим возможностям. Просто надо тренироваться.

Репетировать.

Вот ведь штука

Вот ведь штука. Ну да, я понимаю, что живём мы все в эпоху патриархата (а другой-то, по моему ощущению, и не было – сказки это всё про амазонок) – и тем не менее. Пьяного мужика мы прощаем. Все. И мужчины, и, между прочим, женщины. Ну, выпил мужик. С кем не бывает. «С кем не бывает» подразумевает только мужскую часть населения планеты. Пьяную женщину не прощает никто. Не будем сейчас обсуждать, кто в этом состоянии противней – не в этом дело. Всё равно несправедливо, правда? А вот интересно, почему?

Может быть, потому, что пьяный (ну ладно, выпивший) раскрывается? Ничего плохого в этом нет, просто мужчина никогда не позиционировал себя в этом мире как загадку. Ну раскрылся, и чего такого мы узнали?

А вот женщина – загадка. Во всяком случае, так принято считать. И вдруг – на тебе: выпила, раскрылась, и – никакой загадки, сами себе мы всё напридумывали. Ничего там нет, одно дно.

Знавал я женщин, умевших пить. То есть выпивать, не пьянея. Интересное дело: становились они моими товарищами, даже близкими друзьями, но из категории Женщин мое сознание (или подсознание?) их вычеркивало. Сидим и пьем. И всё.

Есть, правда, одна тонкость. «Пьяный» и «выпивший» – не одно и то же. Даже у мужиков. Хотя близко. У женщин – дистанция несравнимо ощутимей. Выпившая – слегка – женщина может быть очаровательной. Мало того, она может, слегка выпив, вдруг СТАТЬ очаровательной – совершенно неожиданно для отвернувшихся было от нее мужчин. И вот уже они бегут обратно, на ходу сбрасывая пальто и возвращая обаяние на лица. Что это? Зацвела сирень, побежало по проводам электричество, зайцы запрыгали, самолеты залетали. Каких-то пятьдесят граммов!

Милые женщины. Выпивайте, прошу вас. По чуть-чуть. И мир будет вращаться вокруг вас. И дары его упадут к ногам вашим. Только не перебирайте, умоляю. Нам – можно. Вам – нет.

О времени

Чем дольше я живу, тем меньше понимаю природу времени. Хотя все лучше чувствую ее. Что такое само время – очень красиво сказано у Даля (и многие словари его беззастенчиво цитируют): время – длительность бытия. Пространство в бытии. Последовательность существования, продолжение случаев и событий. Дни за днями, века за веками. Умел изложить.

Я про другое. Я про главное его свойство – необратимость. «Обратимо, обратимо!» – кричат математики. «Научно это доказуемо! Вот если полететь в очень далекий космос, да со скоростью, превышающей скорость света...» Ну да. Теоретически. Если человечество возьмет верх над временем, мы станем богами. Мы сможем изменять прошлое. Хотя, мне кажется, даже Бог не в силах изменить прошлое. Всемогущий? Выходит, время сильнее. Выходит, время и есть Бог.

Вот ты ведешь пером по бумаге. Справа она еще безупречно чиста – пиши что хочешь. Рисуй. Ставь кляксу. Но. Переписать, перерисовать уже не получится. Можно только продолжать. До поры. Кляксы пытаются соскоблить бритвой, замазать белым – всегда видно. А дальше – твою бумажку унесет ветер, или она сгорит в огне с тысячью таких же, или ее положат в архив и будет она там желтеть и пылиться сто лет, и никому она не окажется нужна. А может быть – вставят в рамку, повесят на стену и будут любоваться – как красиво! Долго-долго.

Это уж никому не известно.

Ставлю на граммофон пластинку, кручу ручку. Слышу голос человека, которого давно нет. Как нет? Вот же он дышит!

Часы – бессовестный механизм, с помощью которого мы убеждаем себя, что можем измерять время. «Перезвони мне через тридцать минут!» Хорошо. Взял линейку, отмерил по берегу реки тридцать сантиметров.

Перезвонил.

Меряем время по плоскости. В двух измерениях. А глубина?

Да и с течением времени большие вопросы. Я долго не мог понять – почему в детстве каждый день был длиною в год, а сейчас год пролетает как день? И самые точные швейцарские часы ничего с этим поделать не могут? А один человек мне замечательно это объяснил. Он сказал: часами мерить нашу жизнь бесполезно. Ее можно мерить только самой жизнью – отношением части к целому. Тебе пять лет – твой год это одна пятая всей твоей жизни, огромный срок. Тебе шестьдесят – твой год это одна шестидесятая часть. Пшик.

По-моему, очень верно.

Я никогда в жизни не пользовался будильником. При своей болезненной пунктуальности. Будильники в доме были – круглый синий железный с хромированной шапочкой звонка, как на велосипеде, потом – прямоугольный пластмассовый со слегка покатыми боками и золотыми палочками вместо цифр – часовой завод «Слава». У этого тарахтелка была уже спрятана внутри, наверх выходила только розовая кнопка. Заботливая мама ставила мне его на тумбочку, чтобы я, не дай Бог, не проспал в школу. Мне настолько была неприятна мысль о том, что сейчас какая-то сволочь ворвется в твой сон своим дребезгом, что я просыпался за две минуты до звонка, с ненавистью смотрел на ползущую стрелку и — затыкал мерзавца в последнее мгновенье. Ежеутренняя маленькая победа над драконом.

В какой-то момент я задумался над этим свойством своего организма. Получается, внутри у тебя спрятаны часы — поточнее будильника завода «Слава»?

Летом мы поехали на дачу, и я продолжил эксперименты. Недалеко от дачи находился пруд с мутной водой и маленькими карасями. На пруду ежедневно рыбачил дедушка-пенсионер, похожий на Черчилля. Мы быстро подружились на почве ловли маленьких карасей и встречались каждое утро на рассвете. Я дошел в своих опытах до невероятного — например, заказывал себе проснуться завтра без семи минут пять. А послезавтра — в пять ноль девять. Получалось это всегда и с точностью до секунды.

Как это все устроено? Ни черта мы не знаем.

Время проходит и превращается в память. С одним, правда, существенным различием: память необъективна и избирательна. Дорисовывает закорючки и вензеля, стирает целые страницы. А время объективно. Потому что оно — было.

Иногда время-память выкидывают удивительные штуки.

Мы отдыхали в Гурзуфе, сыну моему Ивану было, кажется, два года. Особой разговорчивостью он в этом возрасте не отличался. Мы сидели на диком пляже, солнце садилось прямо в море. Метрах в тридцати от берега из воды поднимался большой плоский камень. Я подумал, что сидя на нем будет здорово смотреть на закат. Посадил сына на шею, мы быстро доплыли до камня. Солнце скрылось в воде, небо окрасилось розовым, становилось прохладно. «Ну что, поплыли обратно?» – предложил я. «Погоди, давай еще посидим», – ответил Иван. Что-то меня насторожило в его интонации – она была не детская. Прямо по низкому горизонту мимо нас двигался пароходик – кажется, рыболовный траулер. «А я на таком работал», – задумчиво сказал Иван. И добавил: «Ну, это еще до войны было».

Я окаменел. Голосом моего сына говорил незнакомый взрослый человек. На этом монолог про работу до войны закончился. Иван проводил взглядом уходящий пароходик и снова стал двухлетним ребенком. Я взял его на руки и мы вернулись на берег. Придя в себя, я осторожно попытался выяснить у него – что это было? Он не смог объяснить. Похоже, он не помнил.

А я до сих пор убежден, что его тогда коснулось Время – бездонное и бескрайнее. Не то, которое в часах – то, которое Бог.

Такое бывает.

Запахи детства или еще раз про оливье

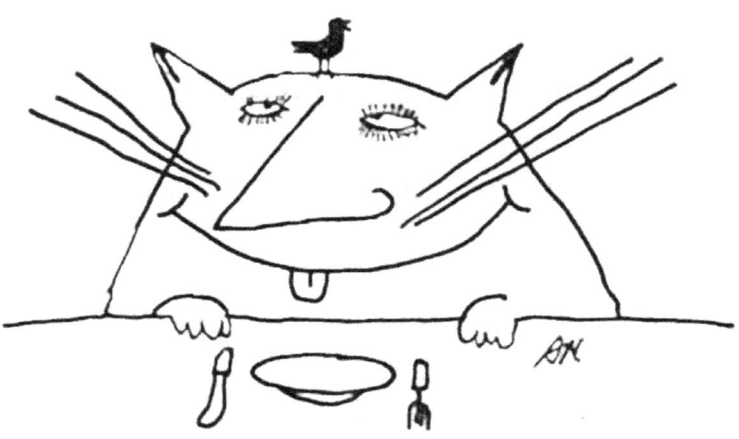

Ну где еще, в какой другой стране люди имеют счастье праздновать Новый год два раза за две недели? В большинстве стран и один-то Новый год не очень отмечают – Рождество главнее. Так у нас Рождество тоже есть, причем аккурат между Новыми годами. Кому в мире расскажешь – не поверят: это ж какая поляна для трех мощных праздников подряд! Не все доходят до финала – есть риск не рассчитать силы. Это, правда, сейчас, когда государство подарило нам каникулы. Мудро – все равно никто ни черта не работал. Хотя на работу ходили. Мучались, а ходили. А Старый Новый год все равно отмечали – куда ж деваться?

Как ни верти, а из детского Нового года всплывает не елка, не подарки под ней – нет: предновогодние запахи стола. Они проецируются на радостное всеобщее ожидание праздника, а праздников-то было – седьмое ноября, Первое мая и Новый год, самый главный. Отмечали всей коммуналкой, у нас в комнате раздвигали стол, соседи тащили стулья и гладильную доску – класть между стульями, когда не хватало. Стол собирали вскладчину. Сосед дядя Дима нес седелку, обложенную кружочками вареной картошки и припорошенную луком, мама делала фирменный салат – размятый лосось из банки с рисом, луком и майонезом (как я сейчас понимаю – совсем не гурмэ, а тогда нахваливали – ого-го!), бабушка готовила заливного судака – его ставили за окно на мороз, чтобы застыл, жили мы на первом этаже, и я всегда боялся – вдруг какой-нибудь проходящий дядька сопрет судака или просто плюнет в блюдо? Ни разу не сперли. Еще одно обязательное праздничное бабушкино блюдо – тертая свекла с грецкими орехами, чесноком и тем же майонезом. Оливье же вертели общими усилиями, и получался его целый таз. Мне, пятилетнему, до самого Нового года сидеть не разрешали, да с шумными взрослыми было и неинтересно – я уходил под стол, рассматривал ботинки и туфли, пока меня не вытаскивали и не относили в кровать. Зато утром можно было на цыпочках подобраться к холодильнику «Саратов» (все еще спали) и наковырять всего разного до отвала. Странно – есть я в детстве ненавидел, а вкус этих праздничных яств волнует меня до сих пор.

Как-то недавно мой товарищ Гарик Писарский устроил фестиваль оливье. Поводом послужил тот факт, что товарищ его восхищался салатом оливье из одного известного ресторана, а Гарик, напротив, это изделие осуждал. В общем, предложено было товарищу привезти из означенного ресторана оливье, а людям, неравнодушным к этому продукту, приготовить свои варианты – каждому на свой вкус.

Для начала я решил копнуть историю и выяснить наконец, что из себя представлял настоящий «Оливье», названный в честь его создателя – шеф-повара Оливье из ресторана «Эрмитаж». Перелистал несколько старинных кулинарных книг, нашел только в пятой. Нашел – и поразился: ничего общего с тем что мы едим сегодня. Вареный картофель, свежие огурцы, рябчики (филе), раковые шейки, оливки, трюфели – все режется крупными кружками, укладывается послойно и перемежается смесью майонеза с… соевым соусом! Все достал (включая трюфели), собрал как положено – вкусно! Но не из детства. И тогда я сделал еще один салат – Из Детства Улучшенный.

Конечно, тот, старинный, был с колбасой. Докторской. Подозреваю, что мясные ингредиенты на этом и заканчивались. Но ведь жить стало лучше, товарищи, жить стало веселее. В общем, вот мои ингредиенты (кстати, почти по Новикову – уже потом прочитал): вареная картошка, вареная морковка, огурец (свежий и соленый – пополам), яйца, зеленый горошек, куриная грудка, телячий язык, немного копченой утиной грудки (не переборщить!), репчатый лук, каперсы. Главный фокус – все должно быть исключительно любовно порезано на кубики с ребром не более 5 миллиметров. При этом ни картошка, ни яйца не должны рассыпаться. Предупреждаю – это адский труд, всем не дано. Можно обратиться за помощью к спокойной и доброй пожилой женщине. А вот в майонез добавьте пару ложек соевого соуса – в память о господине Оливье. Не пожалеете.

Забавно, что оба моих салата в результате заняли первое место. Хотя спортсменов на старте было – знаете сколько? Штук сто. Ну ладно, десять.

В общем, рекомендую оба изделия – если, конечно, найдете трюфели и спокойную добрую пожилую женщину. Удачи!

О прекрасных внезапностях

Никогда заранее не знаешь, что именно будет тебе вспоминаться из длинного увлекательного путешествия годы спустя – события сами решают, кому из них приходить на память.

Мы возвращались с новогодних каникул, проведенных в Лас-Вегасе, большой компанией. Компания сложилась довольно разнородная, и у каждого в этом городе были свои интересы: кто-то прилетел на выставку электроники (выставок там в это время множество), кто-то – походить по магазинам, кто-то – поиграть. Лично я планировал посмотреть новые представления цирка «Дю Солей» и задачу свою выполнил. Вечерами собирались вместе на ужин, и тут случались накладки. Лас-Вегас и в лучшие годы не блистал изысканной кухней, а тут еще кризис. Товарищи мои, люди в массе своей небедные, но в ресторанных тонкостях не сильно искушенные, выбирали ресторан по принципу «дороже – значит, лучше», и мои деликатные предупреждения по поводу того, что данная система, как правило, не работает, никто не слышал. В результате официанты танцевали вокруг нас балеты, сомелье чмокал губами и закатывал глаза, тарелки и бокалы меняли по десять раз без всякой нужды, торжественно вносились четырехзначные счета, а вот с едой было не очень. В какой-то день мой товарищ Валера Кефт, замечательный клоун из моего любимого спектакля «О» (он, будучи местным жителем, просто не мог на это смотреть), выкрал меня с моей сестрой из компании и отвез туда, где надо есть. На окраине Лас-Вегаса оказался маленький Чайна-таун. Туристы – добровольные заключенные отелей и казино – о нем и не подозревают. Там живут артисты и прочий рабочий люд города. Во вьетнамском ресторанчике были накрытые клеенкой столы, дешевые пластмассовые стулья – советская столовая 70-х. Из еды подавали огромную миску супа фо – лапша, овощи, а дальше хошь – креветки, хошь – курица, хошь – говядина. Стоило это чудо пять долларов. Вкуснее супа я не ел в жизни.

Улетали все в разное время и из разных мест. Мы с моим другом Мишей оказались на пересадке в аэропорту города Хьюстона. Аэропорт был никакой, мы покорно брели к нашим воротам, посадку уже объявили, и вдруг в нос мне ударил фантастический запах – за стойкой маленького бара жарились сосиски, хот-доги. Помоечная, в общем-то, еда. Я не знаю, что со мной произошло. Меня просто притянуло к прилавку. «Мэм, ду ю хэв водка?» – спросил я, затаив дыхание. Огромная роскошная барменша африканских кровей, настоящая Опра Уинфри, посмотрела на меня сверху вниз и с достоинством объявила: «Смирнофф, сэр!» – «Два хот-дога и два шота, плиз!» – выпалил я, готовясь привычно объяснять, что лед в водку класть ни в коем случае не надо. Но чернокожая королева сощурилась и спросила: «Два двойных, я полагаю?» Мудрейшая!

Через минуту мы с Мишей уже сидели в самолете, переживая только что рухнувшее на нас счастье. Но Миша был не готов расстаться с ним так быстро – он, ликуя, продемонстрировал мне пакет, где лежали еще два горячих хот-дога. Когда он успел? Стюардесса, очаровательная японочка, краснея, сообщила нам, что по правилам авиакомпании до взлета разрешено только шампанское, а все остальные напитки – потом. Видя нашу трагедию, она пообещала организовать взлет как можно быстрее. Мы укутали наши хот-доги всем чем возможно, как замерзающих детей. Тепло уходило из них каждую секунду. Я упал в свое кресло (мы сидели в разных рядах) и горько задремал. Как легко испортить праздник!

Я очнулся от легкого прикосновения. Самолет уже вовсю набирал высоту. Надо мной стояла японочка, лицо ее светилось. «Вас приглашают в третий ряд, сэр!» – торжественно произнесла она.

P.S. К моменту, когда вы будете читать эти строки, наверняка еще один идиот устроит в самолете пьяный дебош, наша стремительная Дума примет очередной закон и спиртное в самолетах запретят. Из-за десятерых ненормальных десятки тысяч нормальных будут лишены маленькой радости – всё, как мы любим. Придется летать иностранными компаниями. А возвращаться и так уже не очень хочется.

Песни про любовь

Примерно год назад отчаянные ребята из арт-группы «Война» молниеносно и слаженно нарисовали тридцатиметровый хер на половине питерского моста непосредственно перед его разведением, то есть поднятием. После чего мост развели, хер медленно и торжественно восстал. Было много смеха и шума, ребятам присудили высшую художественную награду.

А что, я бы тоже дал. За храбрость.

Прежде чем говорить о чем-либо, следует определиться в понятиях. Что такое искусство? И я полез в словари. Начал, как обычно, с Даля. И знаете, что? Не поверите. Нет в словаре Даля слова «искусство»!

Ни фига себе!

И у Фасмера я это слово не нашел – стоит ссылка, я так и не понял куда. Прочие словари, имеющиеся в моей библиотеке – Ушаков, БСЭ, – дают примерно одинаковые ответы: искусство – творческая художественная деятельность, художественное творчество в целом. Подходит это определение под то, что сегодня принято называть актуальным искусством? Ну, в общем – да.

Есть, правда, тут же второе значение слова «искусство» – это владение предметом в совершенстве, высшая степень мастерства.

С этим сложнее.

В начале прошлого века Казимир Малевич нарисовал черный квадрат. И родился концепт. Он этих квадратов, собака, как выяснилось, штук восемь нарисовал. Как чувствовал.

Концепт не требует мастерства. Он освобождает художника от этой химеры. Роди идею – и самовыражайся, херачь. Станешь великим художником, как Леонардо. И не важно, что ты не можешь рисовать, как он, не важно, что ты вообще не умеешь рисовать. Зачем? Он уже всё нарисовал!

Кстати, кто это?

У меня на книжной полке лежит несколько открыток времен Первой мировой. Боже, какой у людей был почерк! И это не художник – какой-то поручик пишет с фронта своей любимой. Я уверен, сегодня так уже никто не напишет. Через пару лет многие страны перестанут учить детей держать в руках ручку. Зачем? Вот она, клава, давай стучи. На фига тебе мастерство выведения букв?

Потому что это красиво, идиоты.

Футуристы сбросили Пушкина с корабля современности – даешь новое пролетарское искусство! Дыр бул, гыл щур. Не вышло – не утоп Пушкин у футуристов, кишка у них тонковата оказалась. На тот исторический момент.

Возвращаясь к определениям, рискну дать свое. Примерно так: искусство есть стрельба в неведомое, где степень точности попадания соответствует степени приближения человека к Богу.

Фи, как старомодно, правда?

А ведь Бог есть любовь.

Поэтому и Мадонна с младенцем – это любовь, и рождение Весны – это любовь, и портрет неизвестной – любовь, и девочка на шаре, и…

Актуальное искусство бежит от любви, как черт от ладана. А знаете почему? Потому что когда поешь песню о Любви – нельзя сфальшивить: сразу будет слышно. Шилов получится. Вот всё остальное можно замечательно уместить в концепт: стеб, еще стеб, разрушение, смерть, многозначительность и еще немного стеба.

Мне кажется, чтобы заниматься актуальным искусством, надо иметь внутри себя очень большой запас нелюбви.

Что произошло с миром? Может быть, в ноосфере, во вселенской кладовой прекрасного запас Любви вдруг иссяк? А может быть, человечество просто перестало слышать песню Любви, радостно оглушенное какой-нибудь новой электронной «пукалкой»?

И вот еще что – о названии: актуальное искусство. Клянусь вам – я не старый пердун, не воинствующий ортодокс и на данный момент отнюдь не лишен чувства юмора. Просто хочу разобраться.

Во-первых – «актуальное». Это значит – востребованное сегодня. Кем? Критиками, которые кормятся на этом деле, как мухи на повидле? Кем еще? Это вроде как самих себя назвать героями или патриотами, тем самым отказывая другим в этом праве. Теперь – «искусство». На протяжении веков у человечества как-то не возникало проблем с тем, чтобы отличить искусство от неискусства, и помогало второе значение этого слова – мастерство. То, что в актуальном искусстве не является критерием, чаще всего вообще не существует.

Дивный анекдот для тех, кто хочет разбираться в современном арте: если накакал под дверью, позвонил и убежал – это инсталляция. Если сначала позвонил, а потом накакал – это уже перформанс. От себя добавлю: если всё это снимал на телефон – это видеоарт.

У меня предложение. Смотрите: «Мерседес» – это автомобиль. И «Форд» – это автомобиль. И даже «Лада Калина» – автомобиль, как ни верти. А вот табуретка – не автомобиль. И не кричите, что табурет – это актуальный автомобиль. Не дурите людей. Давайте придумаем более точное название тому, чем вы занимаетесь. Концептуальное самовыражение, например. Или современный прикол. Только не искусство. Жалко искусства.

А ведь не примут мое предложение. Знаете почему? Потому что именно слово «искусство» позволяет торговцам этим делом приписать к цене на продукт еще один нолик. А то и два, и три. И богатые дураки во всём мире, боясь признаться вслух, что король-то голый, ведутся за милую душу – не фуфло какое-нибудь покупаем, искусство. Вон критики хвалят.

Что? Говорите, это всё не ради денег и славы, всё за чистую идею?

Врете, собаки. Плох тот солдат, который не метит в генералы.

Разве что хер на мосту. Правда, смешно.

Художник – такой же человек, как и мы. Просто он слышит, видит, чувствует сильнее, чем мы, убогие. И он не может об этом не рассказывать. Чтобы рассказать, нужно владеть языком. Это – второе значение слова «искусство» – мастерство. Мастер – высокий ремесленник. Он знает, как провести линию.

Но, как правило, не испытывает внутренней необходимости ее проводить. Художник может болеть, голодать, умирать – он всё равно не может не работать – он ДОЛЖЕН. Должен небу. Ремесленник берется за кисть после получения аванса. Иногда художник не владеет ремеслом, чаще он сознательно отказывается от общепринятых приемов – так рождается новое направление. Ремесленник никогда не создаст нового направления – он будет достойно двигаться в русле, удовлетворяя общественный спрос. Поэтому всегда будет Рембрандт и – школа Рембрандта. Да нет, тоже хорошо. В гостиной отлично смотрится.

По поводу совести

«У тебя совесть есть?!» — очень яркий окрик из детства. Ничего хорошего не предвещающий.

Между прочим, слова, которыми мы пользуемся чаще всего, обычно с трудом поддаются расшифровке. Ну-ка, что такое совесть? Как всегда, полез в словари.

Первый сюрприз: у Даля в словаре слово «совесть» отсутствует. Вот те на. Такое русское понятие. Казалось бы.

В остальных — примерно одинаково: происходит от старославянского, а старославянское — от греческого, означает понятие морального сознания, внутреннюю убежденность в том, что является добром и злом (чепуха, кстати: внутренние убеждения по этому поводу могут быть очень разными), чувство нравственной ответственности за поведение. Отдельная песня в «Философском словаре», издательство политической литературы, 1981 год. Это надо прослушать целиком, стоя. «Совесть – этическая категория, выражающая высшую форму способности личности к моральному самоконтролю, сторону ее самосознания. В отличие от мотива (чувство долга). С. включает и самооценку уже совершенных действий на основе понимания человеком своей ответственности перед об-вом. С. обязует человека своими действиями не просто заслужить уважение к себе (не унижать себя), как, скажем, чувство чести и личного достоинства, но полностью отдавать себя служению об-ву, передовому классу, человечеству. С., кроме того, предполагает способность индивида критически относиться равно к своим и чужим мнениям в соответствии с объективными потребностями об-ва, а также ответственность человека не только за собственные действия, но и за всё то, что происходит вокруг него. С. – общественно-воспитуемая способность человека. Она определяется мерой его исторического развития, а также его социальной позицией в тех объективных условиях, в к-рые он поставлен. Как активная ответная реакция человека на требования об-ва и его прогрессивного развития С. является не только внутренним двигателем нравственного самосовершенствования личности, но и стимулом ее деятельно-практического отношения к действительности. С. может проявляться как в рациональной форме сознания нравственного значения своих действий, так и в комплексе эмоциональных переживаний («угрызения С.») Воспитание в каждом человеке С. – одна из важных сторон формирования коммунистической нравственности».

Господи, как мы во всем этом жили? Вот повезло молодым!

А по мне, совесть – это присутствие Бога в человеке. Только-то и всего. И она, совесть, как и благородство, заставляет человека поступать вопреки собственной выгоде – во всяком случае, очень часто. И придумал это не я – я эту мысль вычитал у Толстого, давным-давно, названия работы сейчас так и не вспомнил. Он и само слово расшифровывает соответственно: «-весть» (читай – благая) и «со-» – то, что с тобой. В словарях такого нет. Человек без совести – человек без Бога в душе. Сплошь и рядом.

Один американский солдат сказал: «Бог соткан из веры. Больше веры – больше Бога. Нет веры – нет Бога». Всё правильно. Только веры настоящей, а не призванной на временную службу государством. Можно сколько угодно кричать о защите чувств верующих, размахивая кадилом, – Бога в нас больше не станет. Боюсь, наоборот. И еще боюсь – им это совершенно не важно.

Вот и всё. Извините за несколько излишнюю серьезность.

А Толстого церковь уже тогда долбала. И даже отлучила. Может, не так уж всё и изменилось?

Пельменная

Вы помните, господа, что такое пельменная?

Нет, я не имею в виду первые ночные пельменные начала перестройки – вроде бы для таксистов – про них отдельный разговор. Нет, я – про обычную пельменную семидесятых, коих в нашей безбрежной тогда стране было – сколько их было? Пельменная в России – больше, чем пельменная. Как вы переведёте это слово иностранцу? Дамплин хаус? Не смешите меня. Пельменная – абсолютная модель мира – со своей эстетикой, запахами, хамством, нечаянной добротой, сложной структурой взаимоотношений человеческого и божественного. Вся советская держава – одна большая пельменная.

Помните дверь? Она облицована каким-то казённым пластиком – под дерево, и в середину вставлено оргстекло (стекло давно разбили), и оно мутное и покарябанное и запотевшее изнутри, и красной краской на нем набито – «Часы работы с 8.00 до 20.00», и кто-то попытался из «20.00» сделать слово «хуй» – не получилось, и поперёк ручки намотана и уходит внутрь жуткая тряпка – чтобы дверь не так оглушительно хлопала, когда вы входите, и вы входите с мороза, и попадаете в пар и запах. Я не берусь его описать – молодые не поймут, а остальные знают, о чём я. В общем, пахло пельменями – в основном. Слева – раздаточный прилавок, вдоль которого тянутся кривые алюминиевые рельсы – двигать подносы. Гора подносов (которые, кстати, здесь называются не подносы, а – разносы. Чувствуете – не барское «подносить», а демократичное – «разносить.» Интересно, в каком году придумали?), так вот, гора разносов высится на столике с голубой пластмассовой поверхностью, и разносы тоже пластмассовые, коричневые, с обгрызенными краями, и они все залиты липким кофе с молоком (про это кофе – дальше! Вот откуда корни перехода слова «кофе» из мужского рода в средний. Может быть, «говно» тоже когда-то было мужского рода?), и тут же лежит ещё одна жуткая тряпка, такая же, как на ручке двери – эти разносы от этого кофе протирать, и конечно никто этого не делает, потому что прикоснуться к серой мокрой скрученной тряпке выше человеческих сил, и несут разнос, горделиво выставив руки вперёд – чтобы не накапать на пальто.

За прилавком – две толстые тётки в когда-то белых халатах и передниках. Они похожи как сёстры – голосами, движениями, остатками замысловатых пергидрольных причёсок на головах, печалью в глазах. Это особая глубинная печаль, и ты понимаешь, что ни твой приход, ни стены пельменной, ни слякоть и холод за окном, ни даже вечная советская власть не являются причиной этой печали – причина неизмеримо глубже. Вы когда-нибудь видели, как такая тётка улыбнулась – хотя бы раз?

Одна из них периодически разрывает руками красно-серые картонные пачки, вываливает содержимое в огромный бак, ворочает там поварёшкой. Из бака валит пар, расплывается по помещению, оседает на тёмных окнах. Вторая равнодушно метает на прилавок тарелки с пельменями. Пельмени с уксусом и горчицей – 32 коп., пельмени со сметаной и с маслом – 36 коп. Сметану либо масло тётка швыряет тебе в тарелку сама, а уксус и горчица стоят на столиках — уксус в захватанных пельменными руками и оттого непрозрачных круглых графинчиках, а горчицы нет — она кончилась, и баночка пустая и только измазанная высохшим коричневым, и торчит из нее половинка деревянной палочки от эскимо, которой кто-то всю горчицу и доел, и идёшь по столам шарить — не осталась ли где. «Простите, у вас горчицу можно?» Столы маленькие, круглые и высокие — чтобы есть стоя, на ножке у них специальные крючки для портфелей и авосек, а потом ножка переходит в треногу и упирается в пол, и сколько не подсовывай туда сложенных бумажек — стол всё равно качается.

Пельменная, если угодно — маленький очаг пассивного сопротивления советской власти, пускай неосознанного. У нас тут внутри своя жизнь и свои отношения, и никаких лозунгов и пропаганды, и приходим мы сюда делать своё мужское дело, и или ты с нами, или не мешай — иди. Ибо кто же приходит в пельменную просто поесть? Поэтому нужны стаканы, и если у тётки хорошее настроение — до известных пределов, разумеется, не до улыбки — она вроде бы и не заметит, как ты хапнул с прилавка пару стаканов и не налил в них этого самого кофе. А если тётка в обычном своём состоянии — возникнет вялый скандал, и придётся брать кофе и выпивать его давясь, потому что вылить просто некуда, и водка потом в этом стакане будет мутная и тёплая. Бачок с кофе (это называется «Титан») стоит в конце прилавка, перед кассой — там где вилки и серый хлеб. Кофе представляет из себя чрезвычайно горячую и невообразимо сладкую и липкую жидкость — сгущёнки не жалели. Стаканы гранёные и обычные тонкие — вперемежку, но надо брать гранёный, потому что тонкий моментально нагреется от кофе и его будет очень трудно донести до стола. Вилки навалены грудой в слегка помятом алюминиевом корытце. Они тоже алюминиевые, слегка жирноватые на ощупь и у них сильно не хватает зубов, а сохранившиеся изогнуты причудливым образом – недавно специальным постановлением советской власти был отменён язычок на водочной крышке, теперь это называется «бескозырка» и снять её без помощи постороннего колюще-режущего предмета невозможно. Говорят, какой-то умник подсчитал экономию от бескозырок – сколько тысяч тонн металла будет сэкономлено, если не делать язычков. Думаю, на алюминии страна потеряла в сто раз больше.

Но вот ценой ещё пары зубьев крышечка проткнута – естественно под столом, вслепую, а двое твоих друзей заслоняют тебя от бдительных тёток, и ты, рискуя порезать пальцы, сдираешь ненавистный металл с горлышка, а там ещё коричневый картонный кружочек, а под ним – совсем уже тоненькая целлофановая плёночка, и – всё. И, конечно, разлить сразу на троих, а выпить можно и в два приёма – после первого глотка чувство опасности отпускает, и что странно – небезосновательно. Человек выпивший и трезвый существуют в параллельных, хотя и близких, но разных реальностях, и то, что может произойти с одним, никогда не произойдёт с другим. И наоборот.

И вот – стало тебе хорошо, и мир наполнился добротой, и день вроде не прожит зря, и дела не так уж безнадёжны, а пельмени просто хороши – всё ведь зависит от угла зрения, правда? И с тобой рядом твои дорогие друзья, и пошла отличная беседа, и кто-то уже закурил втихаря «Приму», пуская дым в рукав. Сколько таких пельменных, разбросанных по необъятному пространству страны, греют в этот миг наши души?

Вот входят, настороженно озираясь, трое военных в шинелях – явно приезжие, слушатели какой-нибудь академии или командировочные, пытаются открыть под столом огнетушитель с красным портвейном, суетятся, бутылка выскальзывает из рук, громко разбивается, мутная багровая жидкость разлетается по кафельному полу, покрытому равномерной слякотью, в устоявшийся запах вплетаются новые краски. Сизый мужичонка в кепке, не оборачиваясь, презрительно констатирует: «И этим людям мы доверили защиту Родины!»

И приходят и приходят, и выпивают и едят пельмени, и тихо беседуют о чём-то дорогом, и опять спасаются ненадолго, и выходят, шатаясь, в темноту и метель, забывая портфели и авоськи на крючках под столами.

В режиме

Солнце только что село, но еще светло. Свет совершенно необычный, он идет отовсюду, тени исчезают. У кинооператоров это время суток называется «режим». Снять удачно эпизод в режиме – показатель высшего мастерства. Это очень сложно, потому что освещение меняется каждую минуту. Вот сейчас дорога вдруг посветлела и почти сравнялась по яркости с небом. Лес, наоборот, стал темным и непрозрачным, глубина потерялась. Оказывается, у художников есть специальные кисточки, чтобы писать листву деревьев: они совсем расплющенные, и щетинки их развернуты веером – знай тыкай, и получится множество маленьких листочков. Помню, когда узнал – расстроился: очень уж как-то ремесленно. Надо же!

За лесом – уже далеко – полоса большой воды. Это проще: белила цинковые, немного берлинской лазури, чуть-чуть умбры, было еще чуть-чуть розового, но розовое уже ушло, перемешиваем, но не до конца, потом плоская жесткая кисть и – раз! – проводим одну широкую полосу: похоже. Небо того же цвета, но краски в нем совершенно размыты, поэтому добавляем масла, растворителя, закрываем его «по-мокрому». Между небом и водой на том берегу опять лес, он совсем далеко, он темен, и деревьев в нем уже не различить. В кино это была бы длинная медленная панорама слева направо, за кадром тихо звучит Рахманинов. Вариант Тарковского – панорама еще в два раза медленнее, никакой музыки, только вдруг налетел ветер, смял воду, заволновались деревья, зашумела листва. Сейчас всё замерло – ни ветерка, поэтому сходство с театральной декорацией необычайно. А вот и дорога темнеет, и только застывшая вода продолжает по яркости спорить с небом. Маленьким силуэтом по воде идет моторка, оставляя за собой длинную пунктирную линию. В моторке (не вижу, но знаю) сидит деревенский мужик в брезентовом балахоне, и балахон его уделан мазутом и прилипшей рыбьей чешуей. Зовут мужика скорее всего Лехой. Леха курит, держа сигаретку в кулаке, и всё равно встречный поток воздуха выдувает из нее искорки, они летят ему в глаза, он щурится. Леха неподвижен, думает о чем-то своем грустном, бессмысленно-удалом. Вот моторка скрылась за лесом, а след на воде еще остался, он выглядит нарисованным и всё не исчезает. И вода уже потемнела, теперь самое светлое пятно – небо, но и это ненадолго. И свет фар становится видным на дороге, да и в воздухе – в нем яркими точками вспыхивают вечерние мошки и редкие капли дождя. Вот тебе и раз – дождик. Холодный электрический свет вносит в картину дисгармонию, хочется, чтобы это скорее прекратилось – пусть уж стемнеет совсем, не с чем будет спорить. Да вот уже и стемнело.

Разошлись кто куда.
На глазах опустела дорога.
Небо тихо спустилось на землю
бесцветным дождем.
Нам осталось немного.
Мы плохо учились у Бога.
Небо, дождь и дорога.
Дорога. И мы под дождем.

Пикник на обочине

Давняя-давняя история. Вспоминаю её часто – что-то в ней было больше, чем сама история. Тонкие материи не хотят укладываться в канву вербального повествования. Нам как будто приоткрыли тайную дверку – ненадолго.

В общем, случилось это в конце восьмидесятых. Пришел Горбачёв, и сделалось чудо, и невозможное стало возможным. Рухнули границы, ещё вчера казавшиеся незыблемыми стенами. А теперь, находясь на обыкновенном советском круизном пароходе, ты мог оказаться, скажем, в Италии, Турции или Греции. Конечно, мы не дали себя долго уговаривать. Мы – это музыканты (самые разные), журналисты, прочие артисты, писатели, замордованные совком. Но в основном музыканты. В задачу входило развлекать отдыхающую публику. Система называлась «за будку и корыто» – брали музыкантов бесплатно, селили на всех правах, за это они должны были сыграть пару концертов для пассажиров – за две недели круиза. Нам это казалось подарком небес.

Плывя и развлекая таким образом отдыхающих, мы оказались на острове Родос. Как правило пароход причаливал к берегу нового места рано утром, все желающие сходили на берег, и целый день был твой – смотри только не опоздай к отплытию, оно вечером в восемь. Я не буду углубляться в описание острова Родос – сегодня многие на нём бывали:

маленький очаровательный греческий островок, узенькие мощёные улицы, идущие вверх, вниз, влево и вправо, старинная крепость. Мы гуляли по улочкам, заходили в таверны, пили дивное местное вино и вообще были счастливы. День перевалил за половину, когда я увидел интересное сооружение: каменная лестница шла вдоль крепостной стены вверх и – ничем не кончалась. Она поднималась этажа на два-три и завершалась маленькой открытой площадкой, а никакой двери не было. Если присмотреться, становилось видно, что когда-то невысокая дверца в стене всё же имелась, но её заложили много сотен лет назад и сегодня она была почти не видна. Настоящая Лестница в Небо.

Я не принимал никаких решений – мне их кто-то диктовал. Было совершенно ясно, что надо купить самого простого вина, хлеба, сыра, подняться примерно до середины лестницы и сесть на ступени. И знаете, чтобы объяснить это нашей компании, а было нас человек восемь, не понадобилось ни времени, ни лишних слов. А вино, хлеб и сыр продавались в лавочке прямо напротив.

Ощущение было необыкновенным – люди проплывали внизу и не замечали нас, мы же видели всех и всё, и медленно клонилось к закату солнце, и еле слышно пело свою песню невидимое, но близкое море, и вся картина выглядела настолько мирной и светлой, настолько божественно совершенной, что мы даже не разговаривали, чтобы не нарушить гармонии. Мы чувствовали себя ангелами, которые затеяли спасти мир и у них всё получилось.

Это невероятное чувство.

А потом к нам стали подсаживаться прохожие. Сперва осторожно, вежливо, на расстоянии, но места для соблюдения расстояния оставалось меньше и меньше. Сначала мы делились вином и хлебом, потом заметили, что мы в этом смысле не одни. Я не знаю, сколько прошло времени. Нехотя темнело, внизу зажглись огоньки, потянуло прохладным ветром, я понял, что чудо скоро кончится и можно уходить. Я поднялся на ноги и увидел улицу, уходящую вдаль. По улице шли люди – мужчины, женщины, дети. Они несли с собой жареных баранов, корзины с фруктами, бутыли и меха с вином. Многие пели. Они шли к нам на лестницу, и не было им числа. Я очень хотел сохранить это видение, боялся, что оно рассыпется, поэтому мы тихо, бочком, соскользнули с волшебной лестницы – никто и не заметил – и молча вернулись на корабль. Мы не разговаривали – не о чем было. Да и незачем.

Бывали у меня в жизни случаи, когда Всевышний вдруг посылал такие подарки, но эта Лестница в Небо запомнилась, похоже, навсегда. Однажды даже, находясь на Родосе, совершил попытку это место найти. Не смог. Наверно, не надо. Помню, мы очень хорошо после этого случая жили.

Какое-то время.

Содержание

Гаврилыч 4

Дилетант 7

Еще совсем недавно я думал 10

Эйфория 13

Жук 17

Мода и мода 20

О риске 24

К Деду Морозу 28

Как я украл праздник 31

На полпути к небу 34

Маски 42

Про Олимпиаду 45

Не получается 50

Опрокинутый мир 53

О чуде 56

Надежда 60

Письмо Леониду Филатову 63

О постели 67

Предновогоднее 73

Моя революция	76
Про время, людей, предметы и клуб «Индра»	81
Зов	84
Про злых и добрых	88
Шаг	91
Про предметы и людей	94
Чемодан	97
Памятник	101
С нами что-то происходит	105
Компромисс	108
Я боюсь хамства	111
Маленький гимн метро	114
Снег	117
Честь	120
Сегодня самый лучший день	124
Колея	128
Новогоднее	130
Желание	134
Хорошие песни	138
Зоопарк	142
Своим путем	145
Инструменты на стене	148
Про красоту	156
Норма	160
Герои рок-н-ролла	164
В.П. Аксенову	167

Чудеса 169

Архитектурному 171

Почему мы такие злые 174

Владивосток 177

Джаз 180

В зимнее время года 182

И снова о пьянстве 184

А.Я. Розенбауму 188

12.12.12 191

К Бабе Яге 194

Немного о сострадании 196

Рекомендации лучших стоматологов 199

Нечаянная радость 202

Ко Дню святого Валентина 205

Оборотень 208

Еще раз про евреев 213

Позитив 216

Про обиду 218

Таймс-сквер 221

Улыбка 224

О природе смешного 227

Манхэттен 230

Однажды в Америке 233

Лас-Вегас 236

О патриотизме 239

Икона 242

Любовь и нелюбовь 245

Первая победа 248

Чудо фотографии 251

Про одиночество 253

На этюды 257

Заграница 260

Научный подход 263

Чужие 266

Мой друг художник 270

Про мечту 275

Жизнь в раю 279

Кино 282

Последняя рыбалка 286

Зеркало 289

О раздражении 292

Месть 295

О несбыточном 299

Цирк 302

Вот ведь штука 306

О времени 308

Запахи детства или еще раз про оливье 312

О прекрасных внезапностях 316

Песни про любовь 319

По поводу совести 324

Пельменная 327

В режиме 332

Пикник на обочине 335

В издательстве BAbook вышли книги

Борис Акунин

Серия «ПРИКЛЮЧЕНИЯ ЭРАСТА ФАНДОРИНА»

РАСШИФРОВКИ
(Приключения Эраста Фандорина)

Серия «ПРОВИНЦІАЛЬНЫЙ ДЕТЕКТИВЪ»

«ИСТОРИЯ РОССИЙСКОГО ГОСУДАРСТВА» в 10 томах

ЗЛАТАЯ ЦЕПЬ НА ДУБЕ ТОМ
(Викистория российского государства)

«ЛЕГО»

«СКАЗКИ СТАРОГО, НОВОГО И ИНОГО СВЕТА»

«МОЙ КАЛЕНДАРЬ»

«ГОД КАК ХОККУ»

ИНТЕЛЛЕКТУАЛЬНЫЕ АНЕКДОТЫ,
собранные и прокомментированные
Борисом Акуниным

«МОСКВА–СИНЬЦЗИН»

«ПРОСНИСЬ!»

Акунин-Чхартишвили

«НА САНЯХ»

Анна Борисова

«ТАМ...»

«КРЕАТИВЩИК»

«VREMENA GODA»

Роман Баданин, Михаил Рубин

«ЦАРЬ СОБСТВЕННОЙ ПЕРСОНОЙ»

Олег Радзинский

«ПОКАЯННЫЕ ДНИ»

Евгений Фельдман

«МЕЧТАТЕЛИ ПРОТИВ КОСМОНАВТОВ»

Михаил Шишкин

«МОИ. ЭССЕ О РУССКОЙ ЛИТЕРАТУРЕ»

https://babook.org/

www.ingramcontent.com/pod-product-compliance
Lightning Source LLC
Chambersburg PA
CBHW081125170426
43197CB00017B/2755